박문각 감정평가사

제2판

도승하
감정평가관계법규

필기노트 | 1차 도승하 편저

6년 연속 전체/실무 수석 합격자 배출

감정평가관계법규 필기노트는 감정평가관계법규 전반에 걸친 기본사항을 최대한 도식화하려고 하였습니다.

기본 개념을 익히고 전체적인 흐름을 계속 반복하여 전체적인 체계를 인지하는 것이 중요합니다.

전체적인 체계를 익히고, 주요 출제부분을 확인하여 해당 부분의 기출문제를 정리한다면 가장 효율적인 공부방법이 될 것입니다.

감정평가관계법규 필기노트는 짧은 시간에 전체적인 흐름을 간편하게 확인하여 수험시간을 단축함에 목적이 있습니다.

활용방법으로는 누적적인 다독법을 추천합니다.
누적적인 다독법은 **감정평가관계법규 필기노트**를 볼 때마다 항상 처음부터 보는 것입니다.
짧은 시간에 수차례 다독하여 보는 횟수를 늘린다면 자연스럽게 체계가 잡힐 것입니다.

수험기간의 단축 도모를 기원드립니다.

도승하 편저

감정평가사란?

감정평가란 토지 등의 경제적 가치를 판정하여 그 결과를 가액으로 표시하는 것을 말한다. 감정평가사(Certified Appraiser)는 부동산·동산을 포함하여 토지, 건물 등의 유무형의 재산에 대한 경제적 가치를 판정하여 그 결과를 가액으로 표시하는 전문직업인으로 국토교통부에서 주관, 산업인력관리공단에서 시행하는 감정평가사시험에 합격한 사람으로 일정기간의 수습과정을 거친 후 공인되는 직업이다.

시험과목 및 시험시간

가. 시험과목(감정평가 및 감정평가사에 관한 법률 시행령 제9조)

시험구분	시험과목
제1차 시험	❶ 「민법」중 총칙, 물권에 관한 규정 ❷ 경제학원론 ❸ 부동산학원론 ❹ 감정평가관계법규(「국토의 계획 및 이용에 관한 법률」, 「건축법」, 「공간정보의 구축 및 관리 등에 관한 법률」 중 지적에 관한 규정, 「국유재산법」, 「도시 및 주거환경정비법」, 「부동산등기법」, 「감정평가 및 감정평가사에 관한 법률」, 「부동산 가격공시에 관한 법률」 및 「동산·채권 등의 담보에 관한 법률」) ❺ 회계학 ❻ 영어(영어시험성적 제출로 대체)
제2차 시험	❶ 감정평가실무 ❷ 감정평가이론 ❸ 감정평가 및 보상법규(「감정평가 및 감정평가사에 관한 법률」, 「공익사업을 위한 토지 등의 취득 및 보상에 관한 법률」, 「부동산 가격공시에 관한 법률」)

나. 과목별 시험시간

시험구분	교시	시험과목	입실완료	시험시간	시험방법
제1차 시험	1교시	❶ 민법(총칙, 물권) ❷ 경제학원론 ❸ 부동산학원론	09:00	09:30~11:30(120분)	객관식 5지 택일형
	2교시	❹ 감정평가관계법규 ❺ 회계학	11:50	12:00~13:20(80분)	

제2차 시험	1교시	❶ 감정평가실무	09:00	09:30~11:10(100분)	과목별 4문항 (주관식)
	중식시간 11:10 ~ 12:10(60분)				
	2교시	❷ 감정평가이론	12:10	12:30~14:10(100분)	
	휴식시간 14:10 ~ 14:30(20분)				
	3교시	❸ 감정평가 및 보상법규	14:30	14:40~16:20(100분)	

※ 시험과 관련하여 법률·회계처리기준 등을 적용하여 정답을 구하여야 하는 문제는 시험시행일 현재 시행 중인 법률·회계처리기준 등을 적용하여 그 정답을 구하여야 함

※ 회계학 과목의 경우 한국채택국제회계기준(K-IFRS)만 적용하여 출제

다. 출제영역 : 큐넷 감정평가사 홈페이지(www.Q-net.or.kr/site/value) 자료실 게재

📖 응시자격 및 결격사유

가. 응시자격 : 없음

※ 단, 최종 합격자 발표일 기준, 감정평가 및 감정평가사에 관한 법률 제12조의 결격사유에 해당하는 사람 또는 같은 법 제16조 제1항에 따른 처분을 받은 날부터 5년이 지나지 아니한 사람은 시험에 응시할 수 없음

나. 결격사유(감정평가 및 감정평가사에 관한 법률 제12조, 2023.5.9. 개정)

다음 각 호의 어느 하나에 해당하는 사람

1. 파산선고를 받은 사람으로서 복권되지 아니한 사람
2. 금고 이상의 실형을 선고받고 그 집행이 종료(집행이 종료된 것으로 보는 경우를 포함한다)되거나 그 집행이 면제된 날부터 3년이 지나지 아니한 사람
3. 금고 이상의 형의 집행유예를 받고 그 유예기간이 만료된 날부터 1년이 지나지 아니한 사람
4. 금고 이상의 형의 선고유예를 받고 그 선고유예기간 중에 있는 사람
5. 제13조에 따라 감정평가사 자격이 취소된 후 3년이 지나지 아니한 사람. 다만 제6호에 해당하는 사람은 제외한다.
6. 제39조 제1항 제11호 및 제12호에 따라 자격이 취소된 후 5년이 지나지 아니한 사람

※ 이하 생략(공고문 참조)

CONTENTS_차례   PREFACE   GUIDE

CONTENTS_차례   PREFACE   GUIDE

PART

01

국토의 계획 및 이용에 관한 법률

CHAPTER

01 도시계획

01 절 광역도시계획

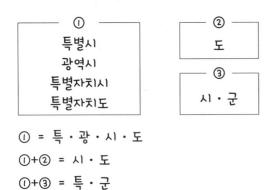

① 특별시
광역시
특별자치시
특별자치도

② 도

③ 시·군

① = 특·광·시·도
①+② = 시·도
①+③ = 특·군
①+②+③ = 시·도·시·군

Ⅰ. 광역계획권 지정

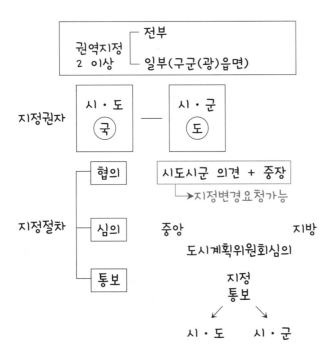

권역지정
2 이상
┌ 전부
└ 일부(구군(광)읍면)

지정권자   시·도
국   시·군
            도

지정절차   협의   시도시군 의견 + 중장
                    →지정변경요청가능

            심의   중앙   지방
                    도시계획위원회심의

            통보   지정
                    통보
                    시·도   시·군

Ⅱ. 수립권자(승인권자)

수립권자(승인권자)   * 장기발전

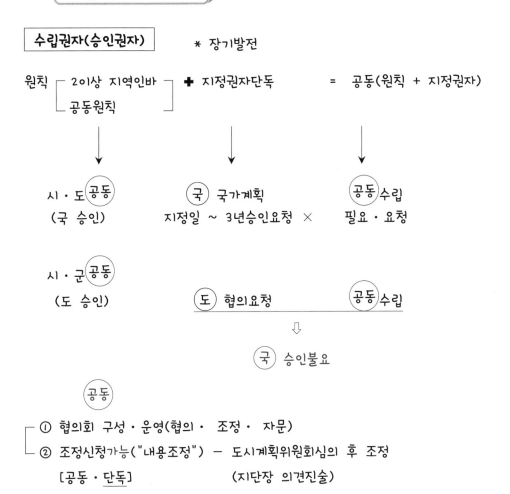

원칙 ┌ 2이상 지역인바 ┐ ➕ 지정권자단독   = 공동(원칙 + 지정권자)
     └ 공동원칙   ┘

시·도 ⓒ동   국 국가계획   공동 수립
(국 승인)   지정일 ~ 3년승인요청 ✕   필요·요청

시·군 공동   도 협의요청   공동 수립
(도 승인)

⇩

국 승인불요

공동

┌ ① 협의회 구성·운영(협의· 조정· 자문)
└ ② 조정신청가능("내용조정") – 도시계획위원회심의 후 조정
  [공동·단독]   (지단장 의견진술)
       (협의권고)

Ⅲ. 수립절차

기초조사 : 국·시도시군(전문기관 의뢰가능) ➕ 정보체계 구축운영(5년 검토)

공청회 : 주민·전문가(개최 14일 전 1회 이상 공고), 계획권 단위(구분개체가능)

의견청취 : 시도시군 수립시 ──→ "관계시도/시군의회 / 시군" 의견(특30)

(지방차지단체) 국 수립시 ──→ "시도의회 / 시군" 의견(특30)
         └→ 시도 송부

Ⅳ. 수립 - 승인요청

| 수립 - 승인요청 | 국 공동수립포함 | 도 공동수립포함 |

협의/심의 :   중장(특30)/중도   행장(국포함)/지도

승인/공고 : 국 - 시도 송부/공고 → 열람(30일 이상) ← 시군 송부/공고 - 도
　　　　　　중장 (공보/홈피)　　　　　　　　　　　　　행장 (공보/홈피)

시·도지사는 국에게 승인신청 시 제출해야한다.

기초조사 결과, 공청회 결과, 의견청취결과

협의·심의에 필요한 서류 ✚ '국'은 보안요청가능

02 절 기본계획

기본계획 ▶ - 5년 타당성　＊ 공간구조
　　　　　　　　　　　　　＊ 장기발전
　　　　　　　　　　　　　＊ 종합계획

Ⅰ. 수립권자 ▶ : 특군(국·도 ×)

Ⅱ. 수립지역 ▶ : ① 특군 내

　　　　　　　　　(필요시 다른 특군 포함가능)

　　　　　　　　　　‖　(전부·일부)

　　　　　　　　　[미리 협의]

　★★★ ② 수립 × - "시·군"

　　　　　　　(위치·인구 등 고려)

　★┌ 수 도권 ×

　　├ 광 역시 연접 ×

　　└ 인구 10만 이하

★ 관할구역 (전)부에 광역도시계획 수립(기본계획 반영사항 모두 포함)

수광 10 전

Ⅲ. 수립절차

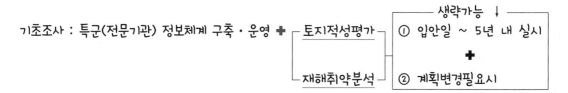

기초조사 : 특군(전문기관) 정보체계 구축·운영 ✚ ┌─ 토지적성평가 ─┐ ┌─────── 생략가능 ↓ ───────┐
│ ① 입안일 ~ 5년 내 실시
└─ 재해취약분석 ─┘ ✚
② 계획변경필요시

공청회 : 주민·전문가

의견청취 : 특군의회(특30)

Ⅳ. 수립 - 승인

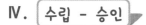

□ 수립 - 승인   특광시도(확정)   도(시군 수립시) ★ 도지사가 협·심한다.

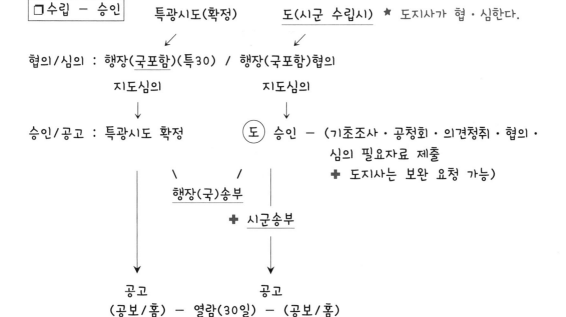

협의/심의 : 행장(국포함)(특30) / 행장(국포함)협의

지도심의   지도심의

승인/공고 : 특광시도 확정   (도) 승인 ─ (기초조사·공청회·의견청취·협의·
심의 필요자료 제출
✚ 도지사는 보완 요청 가능)

\   /
행장(국)송부   │
✚ 시군송부

공고   공고
(공보/홈) ─ 열람(30일) ─ (공보/홈)

03 절 관리계획

관리계획 ── 5년 타당성

Ⅰ. 입안
- 상위계획부합
- 계획도서 · 설명서 ★
- 차등입안

＋ 입안특례 ── (조속입안)
- 광역 · 기본 함께
- 필요시 관리계획 결정 시 해야 하는 협의를 입안 시에 가능

1. 특군 (원칙)

특군원칙 ＋ 필요시 인접 특군 (전부) · (일부) 포함

- ① 미리 협의 시 ── 협의하여 공동입안 (or) 입안자 결정
  - 불성립 시 "다른시도"는 국이 "같은 도 내"는 도가 입안자 결정
- ② 인접 시군 포함된 기본계획 수립된 경우

2. 국 (직접 or 중장요청) (시도시군 의견청취해)

- ① 국가계획관련
- ② 둘 이상 시도 걸친 ⅰ) 용도지역/지구/구역, ⅱ) 사업계획 중 관리계획 필요시
- ③ 특군이 국의 조정요구 불응 시(상위계획 부합 ×)

3. 도 (직접 or 시군요청) (시군의견청취해)

상기 ② ＋ 도지사가 직접 수립하는 사업계획 중 필요시
   둘 이상 시군에 걸친~

Ⅱ. [입안제안]▶ ┌ 주민(이해관계인 포함)
                  └ 계획도서 · 설명서|첨부

↓

45일(+ | 30일 |) 내 결과 회신

1회 연장

✚ ⭐ 협의하여 비용전부 / 일부 부담가능

[⭐ 제안내용]

┌ 1. 기반시설 설치 정비 개량(4/5 이상 동의)
├ 2. 지구단위계획구역 지정/변경, 계획 수립변경(2/3)
├ 3. 용도지구 지정/변경(2/3)
│   ① 산업/유통개발진흥지구   ② 지단대체 위한 용도지구
├ 4. 입지규제최소구역 지정/변경, 계획 수립변경(2/3)
│
└ 토지면적 일정비율 주민동의 필요(국 · 공유지 제외)

[수립절차]▶

Ⅲ. [기초조사]▶ 특군(전문기관) 정보체계구축 · 운영(5년 검토)

⭐ 경미한 경우 생략 가능

⭐ 생략 사유

☑ 토지적성평가 : 입안일부터 5년 내 실시한 경우

☑ 재해취약분석 : 입안일부터 5년 내 실시한 경우

☑ 환경성검토 : 전략환경영향평가대상

⭐ 도심지역위치 or 나대지 없는 등

↓   ↘

(지단구역 내 상업 · 상업연접) or (나대지면적이 2% 미달)

↓

기 · 토 · 재 · 환 생략가능

Ⅳ. 의견청취 ▶

국방상/국가안전보장상 │기밀유지필요│ (관계 중장 │요청 시│) + 경미한 경우는 생략가능

「주민(타당 시 반영) / 지방의회」

＊ 의견반영한 경우 조례로 정한 중요한 사항인 경우는 다시 주민의견 청취!!

Ⅴ. 협의 · 심의 ▶

│국방기밀│(관계 중장 요청) 시 계획의 전부 · 일부에 대하여 협의 · 심의 │생략가능│

변경시에도 협의 · 심의 동일, 경미한 경우는 그러하지 아니한다.

① 국 → 중장 · 중도

② 시도 → 행장 · 시도 ────▶'지구단위계획 or 지단계획으로 대체하는 용도지구 폐지 시'는

③ 시군 → 행장 시 · 군구도 ──┘ 시도(시군) │건축위원회와│ 도시계획위원회 공동심의 │추가│!!

＊ 시 · 도 → 국과 협의 ⅰ) 국이 입안하여 결정한 계획 변경 시

　　　　　　　　　　 ⅱ) 광역도시계획 관련하여 시도지사 입안한 관리계획

　　　　　　　　　　 ⅲ) 개발제한구역 해제 후 최초수립 결정되는 관리계획

　　　　　　　　　　 ⅳ) 2 이상 시 · 도에 걸치는 기반시설 관련사항

　　　　　　　　　　　　　 (면적이 1㎢ 이상인 공원면적을 5% 이상 축소하는 계획)

Ⅵ. 결정 및 고시 ➡ ✚ 효력발생(지형도면고시)

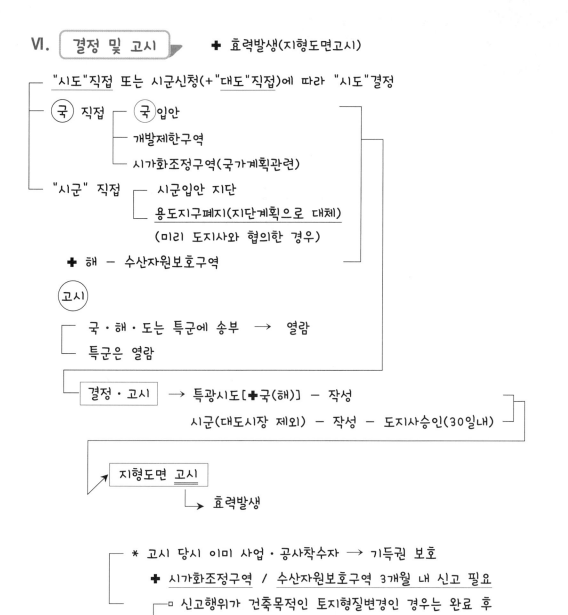

"시도"직접 또는 시군신청(+"대도"직접)에 따라 "시도"결정

⊙국 직접 ─ 국입안
         ├ 개발제한구역
         └ 시가화조정구역(국가계획관련)

"시군" 직접 ─ 시군입안 지단
           └ 용도지구폐지(지단계획으로 대체)
           (미리 도지사와 협의한 경우)

✚ 해 ─ 수산자원보호구역

⊙고시
 ┬ 국·해·도는 특군에 송부 → 열람
 └ 특군은 열람

결정·고시 → 특광시도[✚국(해)] ─ 작성
          시군(대도시장 제외) ─ 작성 ─ 도지사승인(30일내)

지형도면 고시
      └→ 효력발생

* 고시 당시 이미 사업·공사착수자 → 기득권 보호
  ✚ 시가화조정구역 / 수산자원보호구역 3개월 내 신고 필요
  ▫ 신고행위가 건축목적인 토지형질변경인 경우는 완료 후
    3개월 내 건축신고해야 건축가능
  ▫ 건축목적형질변경 완료 후 1년 이내에 관리계획고시 있는 경우는
    고시일 ~ 6개월 내 건축허가 신청 시 건축가능

CHAPTER 02 용도구역 등

Ⅰ. 용도지구

용도지역 ┐ 국·시도· 대장 → 건축제한(용도·종류·규모)은 대령으로 정한다.
용도지구 ┘ → 건축제한 대령기준에 따라 조례로 정할 수 있다.

⑳방화

방⑳재 (→ 1층 필로티는 층수에서 제외)   시가지 / 자연

⑳보⑳호   역사/중요시설/생태계

⑳경관 ┐ (→ 건축법상 리모델링 시 높이·규모 완화가능)   자연/시가지/특화

⑳고도 ┘

⑳복합용도(일반주거·공업지역 /계관에 지정가능)

⑳특정용도제한(주거·교육·청소년보호목적)

⑳개발진흥   주거/산업·유통/관광휴양/복합/특정

⑳취락   자연/집단(GB)

★ ※ 시도대상 ┌ 연안침식 우려·진행지역 → 방재지구지정(재해저감대책 포함)
            └ 일반주거지역 ┐
               일반공업지역 ├ 복합용도지구 지정가능
               계획관리지역 ┘

II. 용도구역

1. 개발제한구역 (국)
   - 도시의 무질서한 확산방지
   - 도시주변 환경보전
   - 도시민의 건전한 생활환경
   - ✚ 국방부장관 요청

   〈 건축제한은 개발제한 구역의 지정 및 관리에 관한 법률 〉 행위제한은 따로

2. 도시자연공원
   시·도·대장
   - 도시의 자연환경/경관 보호 〈 건축제한은 도시공원 및 녹지 등에 관한 법률 〉 행위제한은 따로
   - 도시민에게 건전한 여가·휴식공간 제공
   - 도시지역 안에서 식생이 양호한 산지개발제한

3. 시가화조정구역
   시·도직접
   관장요청
   ✚ 국(국가계획)
   - 도시지역/주변지역 무질서한 시가지화 방지〈건축제한은 법 제87-89조〉
   - 체계적·단계적 개발도모
   - (5 ~ 20년) → 국·시·도는 실효고시
   - 다음날 효력 ×

4. 수산자원보호구역 :
   해 + 관장요청
   - 수산자원 보호·육성   〈건축제한은 수산자원관리법〉
   - 공유수면이나 인접한 토지 지정/변경

   ★★★ 행위제한 ★★★
   ① 도시군계획사업은 국방·공익상 불가피한 것으로 구역지정목적에 지장 없는 사업만 가능함
   ② 도시군계획사업외는 특군 허가 가능
      ⅰ) 농업임업어업용 건축물 —(뒤)
      ⅱ) 마을공동시설·공익시설·공공시설·광공업 등 주민생활영위에 필요한 시설
      ⅲ) 입목의 벌채·조림·육림·토석의 채취

   (뒤)
   → 허가 시 의제 규정   ✚ 허가 시 조경 등 필요조치 조건 가능
   ⅰ) 산지전용 허가·신고
      산지일시사용 허가·신고
   ⅱ) 입목벌채 등의 허가·신고

┌→ 특별건축구역으로 지정갈음

5. 입지규제최소구역

관리계획결정권자 결정 → [관계행장과 협의 시 관계행장은 10일 내(근무일기준) 의견회신해]

[아래사항포함 계획수립]

* ┌ 건축물의 용도·종류·규모
  └   건폐율·용적률·높이
     간선도로 등 주요 기반시설 확보
     용도지역·지구·도시군계획시설·지단계획
     체계적 개발과 관리에 필요한 사항
     다른 법률 규정적용의 완화 / 배제에 관한 사항(제83조의2)

* 입지규제최소구역 :   * 입지규제최소규역에서의
  도시지역에서 복합적인 토지이용 증진시켜   행위제한은 입지규제최소
  도시정비를 촉진하고 지역거점 육성   구역계획으로 정한다.
  아래지역과 주변지역 전부 또는 일부 지정

  ① 도시·군 기본계획에 따른 도심·부도심 또는 생활권의 중심지역
  ② 지역 거점 기반시설(철도역사·터미널·항만·공공청사·문화시설 등) 주변지역
  ③ 세 개 이상 노선 교차 결절지로부터 1㎞ 이내
  ④ 도정법상 노후·불량 건축물이 밀집한 주거/공업지역으로 정비 시급한 지역
  ⑤ 도시경제기반형 활성화 계획 수립지역(도시경제기반형 활성화계획, 근린재생형 활성화계획)
  ⑥ 창의적인 지역개발이 필요한 지역 → (대령으로 정함 - 도시첨단산업단지, 소규모주택정비
     사업 시행구역, 근린재생형 활성화계획수립지역)

  ★ 다른 법에서 지정의제 불가
     오직 국계법 통해서만 입지규제최소구역지정·계획수립가능

* 입지규제최소구역계획 수립 시 → 용도·건폐율 용적률 등 건축제한 완화는 기반시설확보현
  황고려
  시·도·시·군·★구청장★은 기반시설확충에 필요한 부지(①) or 비용 전부 or 일부(②)
  부담시킬 수 있다. → 규제완화에 따른 가치상승분(감정평가) 초과 ✕

* 법률배제(제83조의2)

┌ ① 주택법 : 주택의 배치·부대시설·복리시설의 설치기준 및 대지조성기준
│ ② 주차장법 : 부설주차장의 설치
│ ③ 문화예술진흥법 : 건축물에 대한 미술작품의 설치
└ ④ 건축법 : 공개공지 등의 확보

┌ ① 학교환경위생 정화구역에서의 행위제한
└ ② 역사문화환경 보존지역에서의 행위제한 ──→ 학교환경위생정화위원회와
                                              문화재위원회의 의결에 따라
                                              각 규정 완화적용 가능

6. 공유수면 매립지역(바다만 해당)

    ① ─ 이웃지역목적 동일 ○ ─ 준공인가일부터 지정갈음 + 특군은 지체 없이 고시해

    ② ┌   ×   ┐ ─ 관리계획 결정
        └ 2이상 용도지역 걸쳐 or 이웃 ┘

7. 다른 법률에 따라 지정된 지역의 경우

    (1) 도시지역의제(결정 + 고시된 것으로 본다)

        ① 항만구역 도시지역연접 ┐
        ② 어항구역 도시지역연접 │
        ③ 산업단지 : 농공단지 × ├ 해제 시 용도지역 환원(사업완료 제외)
        ④ 택지개발지구 │   → 공사기득권 인정
        ⑤ 전원개발법 사업구역·예정구역 ┘

        (수력발전소 또는 송변전설비만을 설치하기 위한 경우는 제외)

    (2) **관리지역** ┌ 농업진흥구역 ──→ 농림지역
                └ 보전산지 ┌ 농림 ┐
                          └ 자보 ┘ 中 고시한 지역

Ⅲ. 도시지역

└── 접도구역·농지취득자격증명 적용 배제

(단, 녹지지역 농지로서 시설사업에 필요 × 농지는 제외)

* 용도지역 미세분 시 자보적용

도시지역·관리지역 미세분 시 <u>보전녹지·보전관리지역 적용</u>

★ 둘 이상 용도지역·지구·구역 걸친 대지

작은 부분이 330㎡ 이하인 경우(도로변 띠 모양 상업지역은 660㎡)

① 건폐율, 용적율 ⟶ 가중평균

② 건축제한 - 넓은 용도지역

③ 건축물이 <u>고도지구</u>에 걸린 경우 ⟶ 대지·건축물 모두 고도지구 적용

④ 건축물이 <u>방화지구</u>에 걸린 경우 ⟶ 건축물 모두 방화지구 적용(방화벽 구획 시는 ×)

⑤ 녹지지역과 그 외 지역인 경우에는 ⟨각⟩ 용도지역 등 규정 적용

(★ 규모가 작은 녹지지역인 경우는 제외) ⟶ 이 경우는 건·용 가중평균,

건축제한은 큰 면적 따라간다.

⟨전용⟩ 1 단독(다가구 ×) // 1종근생(1천㎡ 미만)

2 1종근생(1천㎡ 미만) // 공동주택가능, 단독

⟨일반⟩ 1 단독/공동(아파트 ×) 1종근생 유·초·중·고·노

2
3 ┐ 단독/공동(아파트 ○) 1종근행 유·초·중·고·노/종교시설

CHAPTER 03 국도시군계획시설
- 기반시설 중 도시군관리계획 결정

I. 기본내용

● 도로관리청(도로구조, 교통확보
지장 시 타당성 검토/단계별 설치)

지상 ─ 수상·공중 / 수중·지하   설치 ──지하매립── 공동구
보상법   법률로 보상기준
├─ 종류·명칭·위치·규모
└─ 관리계획으로 미리 결정해

광역시설 ┬ 협약·협의회 구성(불성립시 관내인 경우 도가 설치관리가능)
        └ 환경오염 / 개발저해시설 다른 지역 설치 시
          → 방지대책 주민편익사업 공동시행 / 자금자원

* 국가계획 ⟶ 별도 법인 설치·관리(인천국제공항공사)

* 도시군 계획시설사업으로 조성된 대지와 건축물 中
  국가·지단 재산을 처분하려면 각 순위에 따라 처분가능
  ① 수용된 토지·건축물 소유자에게 양도
  ② 다른 시설사업에 필요한 토지와의 교환

II. 공동구

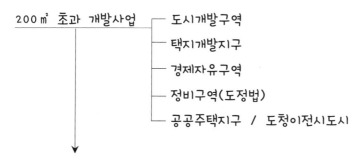

200㎡ 초과 개발사업 ┬ 도시개발구역
                  ├ 택지개발지구
                  ├ 경제자유구역
                  ├ 정비구역(도정법)
                  └ 공공주택지구 / 도청이전시도시

설치(개량) 비용부담(국·특군 일부 보조/융자)

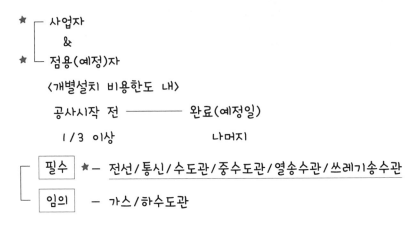

★ ┌ 사업자
│   &
★ └ 점용(예정)자

〈개별설치 비용한도 내〉

공사시작 전 ──── 완료(예정일)

1/3 이상   나머지

┌ 필수 ★ ─ 전선/통신/수도관/중수도관/열송수관/쓰레기송수관
└ 임의   ─ 가스/하수도관

* 개발계획 수립 시 점용예정자와 협의 → 공동구협의회 심의 거쳐

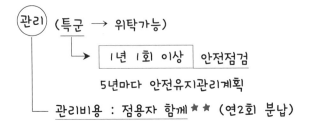

⦿관리 (특군 → 위탁가능)

   ↳ │ 1년 1회 이상 │ 안전점검
   5년마다 안전유지관리계획

└ 관리비용 : 점용자 함께 ★★ (연2회 분납)

✚ 설치비부담 않았거나 미완납 시는 → 점용·사용허가 필요
✚ 점용·사용료 납부

계획 결정고시일부터 10년 이내 미시행 시

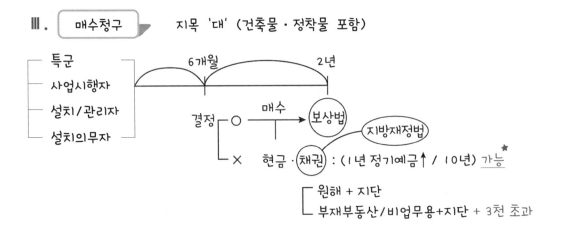

Ⅲ. ⦅ 매수청구 ⦆▶ 지목 '대' (건축물·정착물 포함)

┌ 특군
├ 사업시행자
├ 설치/관리자
└ 설치의무자

6개월   2년

결정 ┌ ○ ─매수→ 보상법
     │   지방재정법
     └ ✕ 현금·채권 : (1년 정기예금↑ / 10년) 가능 ★
                    ┌ 원해 + 지단
                    └ 부재부동산/비업무용+지단 + 3천 초과

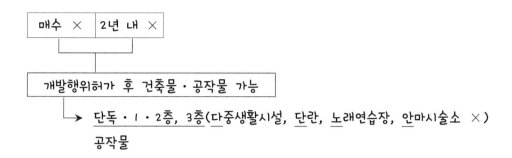

매수 ✕ | 2년 내 ✕

개발행위허가 후 건축물·공작물 가능

→ 단독·1·2층, 3층(다중생활시설, 단란, 노래연습장, 안마시술소 ✕)
공작물

실효

20년 내 미시행시 다음날 실효 → 시도대장은
지체 없이 고시해

* 20년 이후 실시계획이 폐지·효력소멸시는 그날 효력 소멸된다.

Ⅳ. 해제권고 및 해제 신청

해제권고

특군 ┌ 필요 ✕
      └ 10년 내 실행 ✕
         ↓ 현황·단계별 집행계획
      의회보고(최초 후 2년마다)
         ↓ 90일 내
      해제권고
         ↓ 1년 내
      해지결정 (특사 없으면)

해제신청

① 10년 이내 실행 ✕ ┐ and
② 집행계획 ✕ ┘

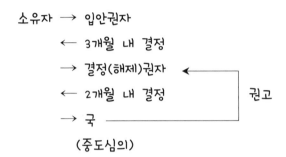

소유자 ⟶ 입안권자
  ⟵ 3개월 내 결정
  ⟶ 결정(해제)권자 ◀
  ⟵ 2개월 내 결정   권고
  ⟶ 국 ─────────┘
  (중도심의)

* 해제 시 6개월 내 해제 이행

※ 도지사가 결정한 관리계획의 경우에는 도지사에 그 결정을 신청
  ⟶ 특사 없으면 1년 내 해제결정

V. 도시군계획시설 사업 시행 ▶

"(분할시행가능)"
사업자 – 필요서류 열람/ 복사나 등초본 발급 무료청구가능
┌ 특군(① 둘 이상 특군 걸친 경우는 협의)
│   협의 ✕ "국(시도)·도(시군)"지정
│
└ 국 : 국가계획 / 필요시   직접시행(특군의견)
  도 : 광역도시계획관련 / 필요시 직접시행(시군의견)
✚
  ② 국·시·도 시군 지정자(토지 2/3 소유, 소유자 1/2 동의) – 국·지단 공공기관
                                        아닌 경우

1. 국가·지단

2. 공공기관 : 한국농수산식품유통공사
   대한석탄공사
   한국토지주택공사
   한국관광공사
   한국농어촌공사
   한국도로공사
   한국석유공사
   한국수자원공사
   한국전력공사
   한국철도공사

3. 그 밖 : 지방공사
   지방공단
   법상 지정자
   무상귀속 공공시설 설치자
   기부조건 시설 설치자

✚ │협의·국도지정·그 외자 지정 시 지정사실 고시│ 사업시행자는 관계서류 무료청구

결정고시일

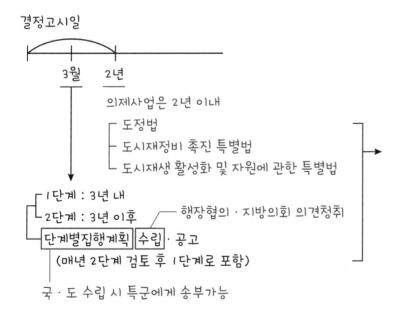

3월   2년

의제사업은 2년 이내

┌ 도정법
├ 도시재정비 촉진 특별법
└ 도시재생 활성화 및 자원에 관한 특별법

┌ 1단계 : 3년 내
└ 2단계 : 3년 이후 ── 행장협의·지방의회 의견청취

│단계별집행계획│ │수립│·공고

(매년 2단계 검토 후 1단계로 포함)

국·도 수립 시 특군에게 송부가능

미리 14일 이상 일반인
열람할 수 있게 해

→ 사업자는 대령으로 정하는 바에 따라 실시계획 작성

    → 국·시도 대장인가 ──────────── → 공사완료 공고 ← 시도대장 준공검사 후공고

    (준공검사 후 경미한 사항 변경은 인가 ×)   국·시도·대장은
                                         공사완료 시 공고

    ┌ 조건가능 ➕ 이행보증금 예치 가능 (국·지단 아닌 경우)
    │ ① 기반시설설치 or 용지확보
    └ ② 위해방지, 환경오염방지, 경관조성, 조경 등의 조치

10년 이후에 실시계획 작성·인가 시 ➕ 고시

    ┌ 고시일 ~ 5년 내 재결 × ─→ 결정고시실효
    ├ 고시일 ~ 5년 내 2/3 이상 소유·사용권원확보 시는 7년 내 재결신청
    └ 모든 토지·건축물 소유 시 사용권원확보 시는 효력유지

* 도시군계획결정시고시한 경우 사업에 필요한 국·공유지 처분제한 ─→ 무효

* ┌ 토지·건물·정착물 ┐ 수용·사용 가능 * ┌─────────────────────┐
   ├ 소유권·외 권리 ┘   │ 실시계획고시 = 사업인정고시 │
   └ 인접한 토 ~ 소·외권리 사용가능   │ 재결신청기간(공사완료일까지) │
                                      └─────────────────────┘

* 준공검사 ── 기반시설
  (시도대장)   ↓

* 관리청에 귀속

CHAPTER 04 지구단위계획 <국·시도·시군>

실효(지체없이 고시)
① 구역지정 ~ 3년 내 계획 미수립
② 주민입안 계획고시 ~ 5년 내 착공(×)

* 규제완화
┌ 건 150%
└ 용 200%
 ✚ 주차장 100% 완화 등

Ⅰ. 임의지역 ★(전부·일부)★

용도지구

도시개발구역   관광단지/특구

대지조정사업지구

정비구역
택지개발지구 ┐→ 10년 경과 Ⓐ

┌ ① 개발제한구역 — │시가화조정구역│ → 30만㎡ 이상인 경우 Ⓑ
│   도시자연공원구역 — │공원해제│ ── (단 녹지지역지정 or 개발계획 미수립 제외)
├ ② │녹지지역│ → │주·상·공 변경│ → 30만㎡ 이상인 경우 ©
└ ③ 새로 도시지역 편입지역 │中│ 계획적인 개발·관리 필요
     도시지역의 체계적인 관리·개발 필요
     그 밖에 양호한 환경의 확보나 기능 및 미관의 증진 등을 위해 필요한 지역
     도시지역 내(8-2·3) ┌ • 주거 상업 업무 등
                              복합토지이용 증진(역세권…)
                       └ • 유휴토지·대규모시설이전부지(5천㎡ 이상)

2. 필수지역

상기 "Ⅰ"중 Ⓐ·Ⓑ·©(단, 토지이용 및 건축계획이 수립된 경우에는 그러하지 아니한다.)

3. 도시지역 외

(1) 계획관리지역(전체면적 中 50% 이상)

① 계획 외는 생산·보전관리 지역일 것

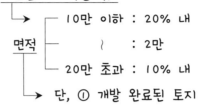

면적
- 10만 이하 : 20% 내
- 〈 : 2만
- 20만 초과 : 10% 내

단, ① 개발 완료된 토지

② 토석채취 완료된 토지로서 준보전산지인 경우,
환경 훼손 우려 없는 경우는 제외

② 면적요건

ⅰ) 아파트·연립주택 계획 포함시

- 30만 제곱미터 이상(10만 이상 3 EA 도로 연결)
- 10만 제곱미터 이상 : 자연보전권역 / 초등학교 확보

ⅱ) 그 외 : 3만 제곱미터 이상

③ 기반시설 공급가능

④ 자연환경·경관·미관·문화재 훼손 우려 ×

(2) 개발진흥지구(상기 (1)의 ② ~ ④)

ⅰ) 주거/복합(주거기능 포함)/특정 : 계획

ⅱ) 산업/유통/복합(주거 ×) : 계획·생산·농림지역

ⅲ) 관광/휴양 : 도시지역 외

(3) 용도지구 폐지하고 행위제한 대체

4. 내용

필수 ① · ② 포함 4 이상(용도지구 폐지하고 행위제한 대체 시는 그러하지 아니한다.)

① 기반시설 배치 · 규모

② 건축물 용도제한 · 건폐율 · 용적률 높이(최고 · 최저)

③ 용도지역 · 지구 세분/변경
　　　　　"8-2, 3"은 용도지역 간 변경 가능 ★

④ 건물배치 · 형태 · 색채 · 건축선

⑤ 환경관리계획
　　경관계획

⑥ 보행안전 등을 고려한 교통처리 계획

⑦ 도로로 둘러싸인 일단의 지역 또는 계획적인 개발, 정비를 위하여 구획된 일단의 토지의
규모와 조성계획

⑧ 용도지구 폐지하고 행위제한 대체하는 사항

5. 완화적용

－ 건축제한/조경/공개공지
건축물높이 · 일조제한 높이
부설주차장 설치지정 · 설치계획 등

－ 도시지역 내 · 외 건 150% 이내 완화
　　　　　　　용 200% 이내 완화

✚ 주차장 100% 완화

6. 공공시설 등(공공시설 · 기반시설 · 공공임대주택 · 기숙사 등)

"8－2 · 3의 경우"

용도지역 변경(주 · 상 · 공 · 녹) 등 행위제한 완화시 토지가치 상승분 내에서 공공시설 등
부지제공 or 설치

→ 공공시설 등 충분 시 비용납부 갈음(장기미집행시설 등 공공시설 등 설치필요 비용)

→ 특·광 관할 구역 내인 경우는 20/100 이상 ~ 30/100 이하 범위 내에서 구(자치구)·
군(광역시)에 귀속된다. 전부 장기미집행시설사업에 사용해야 한다.

→ 특군은 10/100 이상을 장기미집행시설 사업에 우선 사용해야 한다.

7. 실효(지체 없이 고시)

① 구역지정 → 3년 내 계획결정 고시 없으면 실효

② 주민입안 계획 고시 → 5년 내 착공 ✕

8. 건축(- 계획에 맞게)

① 존치기간 3년 내 가설건축물 가능

② 재해복구용 / 공사용 가설건축물 가능

9. 계획수립 시 고려사항

① 구역지정 목적

② 구역의 중심기능

③ 용도지역의 특성

④ 지역공동체의 활성화

⑤ 안전하고 지속가능한 생활군조성

⑥ 토지이용계획과 건축계획의 조화

CHAPTER 05 개발행위허가
<도시군계획사업에 의한 행위는 허가 ×>

1. 특군허가 대상

건축

공작물

물건쌓기(녹·관·자 1개월 이상)

형질변경(공유수면매립 포함)

채취(형질변경 제외)

분할

 ── 너비 5m 이하 토지분할

 ── 분할제한면적 미만 분할 ─ 주 60, 상공 150, 녹 200, 기타 60

 ── 녹관농자 안에서 관계법 허가 없이 하는 분할

예외

 ── 재난·재해응급조치 ⟶ 1개월 내 신고

 ── 건축신고대상 개·재·증축 + 필요한 형질 변경

 ── 경미한 경우

→ ★ 신청 15일 내 처분(심의·협의기간 제외) - 서면 또는 국토이용정보체계

　★ 조건가능 + 이행보증예치(국·지·공공기관 단체 ×)

　　위해방지/환경오염 등

2. 허가기준 ─ 면적 제한

① 규모적합

② 도시관리계획 및 성장관리계획 / 도시군계획사업에 지장 없을 것

③ 주변환경·경관과 조화

④ 기반시설 설치·용지확보 적절

★ (형질변경 규모 면적)

주거·상업·생산녹지·자연녹지 1만㎡ 미만 ┐ 둘 이상 용도지역에 걸친 경우는 각각 적용

공업   관리 농림   3만㎡   용도지역 큰 지역 면적 초과 ×

보전녹지   자연환경보전   5천㎡ ┘

→ ☐준공☐ (사용승인)

3. ☐허가제한☐ ★★1차례만★★ ☐3☐년 + ☐2☐년 → 국·시도·시군은 미리 고시해

　　　　　　　녹지·계획관리지역　　　　　　　　사유 없어지면 지체 없이 해제고시해

☐3☐ ┌ 1. 수목·조류 집단서식
　　　│ 　　우량농지
　　　└ 2. 환경·문화재 오염·손상우려

★
☐3☐ ┌ 3. 용도지역·지구·구역 변경 예상되고 허가기준 크게 달라질 것 예상 ┐
+ 　│ 4. 지구단위계획구역
☐2☐ └ 5. 기반시설부담구역

4. 도시계획위원회 심의

　　　　① ☐중앙☐　　　　　② ☐시도☐　　　　　③ ☐시·군·구☐

형질변경(면적) : 1㎢ 이상　　1㎢ 미만 ~ 30만㎡ 이상　　30만㎡ 미만

토석채취(부피) : 100만㎥ 이상　100만㎥ 미만 ~ 50만㎥ 이상　50만㎥ 미만 ~ 3만㎥ 이상

　　　　　　※ 중장이 ② ③일 때는 중도심의
　　　　　　※ 시도가 ③일 때는 시도심의

★ 지구단위계획 및 성장관리계획, 수립지역에서는 심의 ×
　환경영향평가 받은 경우, 교통영향평가 검토 받은 경우도 심의 ×
　산림사업 및 사방사업을 위한 경우와 다른 법률에 따라 심의 받은 구역 내의 개발행위는
　심의 ×

5. 도시군계획시설부지에서의 개발행위

① 도시군계획시설 아닌 건축물/공작물 허가 안돼

② ★시설결정 고시일부터 2년 내 미이행된 사업 중 집행계획수립되지 않거나 1단계 미포함

부지는

┌ 가설건축물 / 공작물 설치(필요범위 내 형질변경 포함) 가능

│ → ★★시설사업 3개월 전까지 원상회복(대집행가능)

├ 건축물개축 · 재축(필요범위 내 형질변경 포함) 가능

└ 도시군계획시설 설치에 지장 없는 공작물의 설치(형질변경 포함) 가능

→ ★★시설사업 3개월 전까지 원상회복(대집행가능)

6. 공공시설 귀속

① 행정청 : 관리청 무상귀속 / 종래시설 행정청 무상귀속

준공 시 세목통지 − 통지한 날 귀속

② 행정청 외 : 관리청 무상귀속 / 용폐시설은 비용부담 범위에서 귀속

준공검사 받음으로 각각 귀속 양도된 것으로 본다.

7. 개발밀도관리구역 ★

특군 − 주·상·공

(심의) (용적률 50% 강화)

최대한도

경계명확하게 구분

* 기반시설 확보 및 설치 곤란한 경우

→ 주민 ★의견청취★ + 심의★

8. 기반시설부담구역 (10만㎡ 이상 경계 명확)

대상 200㎡ 초과 신축 / 증축 : (납부) — 현금・카드 물납(신용/직불)
(기존연면적 포함)   건축허가 받은 날부터 2개월 이내에 부과(사용승인신청
                  전까지 납부)
              → 지방행정제재・부과금 징수 등에 관한 법률

(기존건물 철거 후 신축 시는 기존연면적 초과부분만)
              └→ (200㎡ 이상인 경우는 200㎡)

┌ 행위제한 완화지역 / 해제지역
└ 지단수립 시 갈음
    ★ 기반시설부담구역 지정 후 ~ 1년 기반시설설치 계획 미수립 시 구역해제

* 기반시설부담구역별로 기반시설설치비용의 관리・운용 위한 특별회계 설치해
  + 필요사항은 조례로 정한다.
* 유발계수
  위락시설 2.1
  2종근생 1.6
  문화집회시설 1.4
  자원순환시설 1.4
  공장 — 목재・나무 제조 2.1
       펄프・종이 2.5
       코크스, 석유정제품, 핵연료 2・1

* 설치필요기반시설
  도로/공원/녹지/학교(대학 제외)
  수도/하수도
  폐기물처리시설/재활용시설

9. 성장관리계획 : 5년 타당성

특군 － 녹·관·농·자 전부/일부 지정가능
                    |
            ┌ 주민·의회의견청취 ┐
            └ 행장 협의   ┘

(1) 구역지정

① 개발수요 많아 무질서한 개발진행(예상)되고 있는 지역
② 주변 토지 이용 교통여건 변화 등으로 향후 시가화 예상되는 지역
③ 주변지역과 연계하여 체계적 관리 필요
④ 토지 이용에 대한 행위제한 완화 지역
⑤ 난개발방지와 체계적 관리필요지역

  ⅰ) 인구감소/경제성장 정체 등으로 압축적이고 효율적인 성장관리 필요
  ⅱ) 공장 등의 입지 분리 등을 통해 쾌적한 주거환경 조성 필요

(2) 계획수립포함사항

① 도로·공원 등 기반시설 배치·규모
② 건축물의 용도제한, 건폐율·용적율
③ 건축물의 배치·형태·색채·높이
④ 환경관리·경관계획
⑤ 난개발 방지와 체계적 관리에 필요한 사항

(3) 완화규정

건폐율 : 계획관리지역 ─────── 50% 이하

         생산관리   ┐
         농림   ├ 30% 이하
         녹지(자연·생산) ┘

용적률 : 계관 / 25% 내에서 완화 가능

CHAPTER 06 비용부담

원칙

광역 / 관리계획
도시군계획시설사업 ┐→ 국 : 국가예산 ┐
　　　　　　　　　　　지 : 지단 ├─ 부담원칙
　　　　　　　　　　　행정청 외 : 그 자 ┘
↓

* 이익받은 시도 · 시군에 일부의 비용부담(사업비 50% 못넘어) 가능
　　　　　　　　　　　　　　└ 조사 · 측량 · 설계 · 관리비 미포함

(국) ─ 행안부장관과 협의하여 비용부담시킨다.

(시 · 도) ─ 해당 지단과 협의, 불성립시 행안부장관이 결정

(시 · 군) ─ 해당 지단과 협의 → 불성립시 '도' 내인 경우 도지사 결정
　　　　　　　　　　　　　　　　　다른 '시도' 경우 행안 결정

♣♣ * 국가나 지단은 취락지구지원/방재지구 지원 가능

보조 · 융자

① 시도 시군 수립하는 [광역도시 · 군계획/도시 · 군계획]에 필요한 기초조사 · 지형도면작성
　비용 전부 · 일부 보조가능(대령 : 80% 범위 안)(국가예산에서)
② 행정청이 시행하는 시설사업비용의 전부 · 일부 보조 · 융자가능(대령 50% 범위 안)(국가예산에서)

③ 행정청 아닌 시행자가 시행하는 사업 비용의 일부 보조·융자가능(대령 1/3 이하 범위)

  (국가 또는 지방자치단체가)

    ↓

  우선지원가능지역   ⅰ) 기반시설이 인근지역보다 부족한 지역

                     ⅱ) 광역시설이 설치되는 지역

                     ⅲ) GB(집단취락만 해당) 해제지역

                     ⅳ) 장기미집행시설 설치 필요성 높은 지역

CHAPTER 07 도시계획위원회

(중앙)

위원장 · 부위원장 포함 25~30명

└─ (국)임명 · 위촉

┌ 부위원장이 위원장 대행
└ 부위원장이 대행 못할 경우 미리 대행자 지정

┌ 재적위원 과반수 출석 개의
└ 출석위원 과반수 찬성 의결

분과위원회 / 전문위원회 / 간서 · 서기

(시도)

25 ~ 30명

(위) · (부) ─ 위원 중 호선(선거)
└ 시도지사 임명 · 위촉
분과위원회/전문위원회

(시) · (군) · (구)

15 ~ 25명(2인 이상 시군구 공동설치는 30명 까지)

(위) · (부) ─ 위원 중 호선(선거)
└ 시장 · 군수 · 구청장 임명 · 위촉
(2인 이상 시군구인 경우는 시장 · 군수 · 구청장
협의)
분과위원회/전문위원회

회의록 공개

회의록은 심의 종결 후 1년의 범위에서 <u>대령 정한 기간</u> 경과 후 신청이 있으면 공개해
단, 공익저해우려 시 공개 ×
　　개인정보 부분은 ×

┌ 중앙도시계획위원회 → 심의 종료 후 6개월
└ 지방도시계획위원회 → 6개월 이하 범위 내
　　　　　　　　　　　　조례로 정함

* 중도 위원·전문위원, 지도 위원 → 수당·예비 지급 가능

CHAPTER 08 보칙

Ⅰ. 시범도시

도시의 경제 · 사회 · 문화적인 특성 살려

개성있고 지속가능한 발전 촉진 위해

(국)은 직접 또는 관계중장 · 시도지사 요청에 의해

    | 시범도시 지정가능(중도 심의 거쳐)

    → 국 · 관계중장 · 시도는 시범도시에   예산 · 인력   지원가능

    | ⅰ) 시범도시사업계획 수집비용의 80% 이하

↓

공모가능

↓

특군 · 구청장은 공모에 응모가능

    ⅱ) 시범도시사업 시행 소요비용의 50% 이하 (보상비 제외)

Ⅱ. 타인토지출입

국 · 시도 · 시 · 군 + 도시군계획시설사업 시행자

→ 행정청은 허가 ×

타인토지출입 / 일시사용 / 장애물 변경제거가능

(특군허가 / 7일 전 통지)

    → 점유자 · 소유자 · 관리인 동의 필요 / 3일 전 통지

점유자는 정당사유 없이 방해 ×
줄입자는 증표 · 허가증 소지

① 도시 · 군계획 / 광역도시 · 군계획 기초조사

② 개발밀도관리구역 · 기반시설부담구역 · 기반시설치계획 기초조사

③ 지가의 동향 및 토지거래의 상황에 관한 조사

④ 도시 · 군계획시설사업 조사 · 측량 · 시행

* 일출 전 / 일몰 후에는 점유자 승낙 없이 담장 · 울타리로 둘러싸인 토지에 출입 ✕
* 그 행위자가 속한 행정청이나 도시군계획시설사업 시행자가

　손실보상 → 협의 → 협의 불성립 시 재결신청(보상법 준용)

Ⅲ. 기타

1. 행정심판
┌ 도시 · 군계획시설사업 시행자의 처분 → 행정심판 제기 가능
└ 행정청이 아닌 시행자의 처분은 시행자를 지정한 자에게 행정심판 제기해

2. 정문
　국 · 시도 · 시군 · 구청장은 청문해!!!
　① 개발행위 허가의 취소
　② 도시 · 군계획시설사업의 시행자 지정의 취소
　③ 실시계획인가의 취소

CHAPTER
09 벌칙

1. 3년 이하 / 3천만원

개발행위허가(변경) × 또는 속임수, 부정방법으로 허가받아 개발 시
시가화조정구역 내 무허가 행위

2. 3년 이하의 징역 / 기반시설설치비용 3배 이하 상당하는 벌금

기반시설설치비용 면탈·경감 목적 또는 면탈·경감하게 할 목적으로
거짓 계약 체결 또는 거짓 자료 제출한 자

3. 2년 이하 / 2천만원

① 도시·군관리계획의 결정이 없이 기반시설을 설치한 자

② 공동구에 수용하여야 하는 시설을 공동구에 수용하지 아니한 자

③ 지구단위계획에 맞지 아니하게 건축물을 건축하거나 용도를 변경한 자

④ 용도지역 또는 용도지구에서의 건축물이나 그 밖의 시설의 용도·종류 및 규모 등의 제한
을 위반하여 건축물이나 그 밖의 시설을 건축 또는 설치하거나 그 용도를 변경한 자

4. 1년 이하 / 1천만원

허가·인가 등의 취소, 공사의 중지, 공작물 등의 개축 또는 이전 등의 처분 또는 조치명령을
위반한 자

5. 과태료

1) 1천만원 이하

① 허가를 받지 아니하고 공동구를 점용하거나 사용한 자

② 정당한 사유 없이 타인토지 출입 및 장애물제거행위를 방해하거나 거부한 자

③ 허가 또는 동의 없이 타인토지출입 및 장애물제거한 자

④ 개발행위허가 및 도시군계획시설사업 시행자에 대한 검사를 거부·방해하거나 기피한 자

②·④ → 〈국(해)·시·도·시·군이 징수〉

①·③ → 〈특·광·특·특·시·군이 징수〉

2) 500만원 이하

① 개발행위허가 예외사항(재해복구나 재난수습을 위한 응급조치) 무신고자

② 개발행위허가 및 도시군계획시설사업 시행자에 대한 보고 또는 자료 제출을 하지 아니하거나, 거짓된 보고 또는 자료 제출을 한 자

② → 〈국(해)·시·도·시·군이 징수〉
① → 〈특·광·특·특·시·군이 징수〉

6. 양벌규정

법인의 대표자나 법인 또는 개인의 대리인, 사용인, 그 밖의 종업원이 그 법인 또는 개인의 업무에 관하여 위반행위 시 그 행위자를 벌할 뿐만 아니라 그 법인 또는 개인에게도 해당 조문의 벌금형을 과함(상당한 주의와 감독을 게을리하지 아니한 경우는 제외).

CHAPTER 10 부록

국토 이용 및 관리의 기본원칙

국토는 자연환경의 보전과 자원의 효율적 활용을 통하여 환경적으로 건전하고 지속가능한 발전을 이루기 위하여 다음 각 호의 목적을 이룰 수 있도록 이용되고 관리되어야 한다.

1. 국민생활과 경제활동에 필요한 토지 및 각종 시설물의 효율적 이용과 원활한 공급
2. 자연환경 및 경관의 보전과 훼손된 자연환경 및 경관의 개선 및 복원
3. 교통·수자원·에너지 등 국민생활에 필요한 각종 기초 서비스 제공
4. 주거 등 생활환경 개선을 통한 국민의 삶의 질 향상
5. 지역의 정체성과 문화유산의 보전
6. 지역 간 협력 및 균형발전을 통한 공동번영의 추구
7. 지역경제의 발전과 지역 및 지역 내 적절한 기능 배분을 통한 사회적 비용의 최소화
8. 기후변화에 대한 대응 및 풍수해 저감을 통한 국민의 생명과 재산의 보호
9. 저출산·인구의 고령화에 따른 대응과 새로운 기술변화를 적용한 최적의 생활환경 제공

광역도시계획의 내용

① 광역계획권의 공간 구조와 기능 분담에 관한 사항
② 광역계획권의 녹지관리체계와 환경 보전에 관한 사항
③ 광역시설의 배치·규모·설치에 관한 사항
④ 경관계획에 관한 사항
⑤ 광역계획권에 속하는 특별시·광역시·특별자치시·특별자치도·시 또는 군 상호 간의 기능 연계에 관한 사항

> 1. 광역계획권의 교통 및 물류유통체계에 관한 사항
> 2. 광역계획권의 문화·여가공간 및 방재에 관한 사항

+ 광역도시계획의 수립기준 등은 대통령령으로 정하는 바에 따라 국토교통부장관이 정한다.

도시군기본계획의 내용 – 다음과 같은 정책방향 포함할 것

1. 지역적 특성 및 계획의 방향·목표에 관한 사항
2. 공간구조, 생활권의 설정 및 인구의 배분에 관한 사항
3. 토지의 이용 및 개발에 관한 사항
4. 토지의 용도별 수요 및 공급에 관한 사항
5. 환경의 보전 및 관리에 관한 사항
6. 기반시설에 관한 사항
7. 공원·녹지에 관한 사항
8. 경관에 관한 사항
8의2. 기후변화 대응 및 에너지절약에 관한 사항
8의3. 방재·방범 등 안전에 관한 사항
9. 제2호부터 제8호까지, 제8호의2 및 제8호의3에 규정된 사항의 단계별 추진에 관한 사항
10. 그 밖에 대통령령으로 정하는 사항

> 1. 도심 및 주거환경의 정비·보전에 관한 사항
> 2. 다른 법률에 따라 도시·군기본계획에 반영되어야 하는 사항
> 3. 도시·군기본계획의 시행을 위하여 필요한 재원조달에 관한 사항
> 4. 그 밖에 법 제22조의2 제1항에 따른 도시·군기본계획 승인권자가 필요하다고 인정하는 사항

용도지역별 건축물

** 국토의 계획 및 이용에 관한 법률 시행령

제1종 전용주거지역 안에서 건축할 수 있는 건축물(제71조 제1항 제1호 관련)
가. 단독주택(다가구주택을 제외한다)
나. 「건축법 시행령」 별표 1 제3호 가목부터 바목까지 및 사목(공중화장실·대피소, 그 밖에 이와 비슷한 것 및 지역아동센터는 제외한다)의 제1종 근린생활시설로서 해당 용도에 쓰이는 바닥면적의 합계가 1천제곱미터 미만인 것

제2종 전용주거지역 안에서 건축할 수 있는 건축물(제71조 제1항 제2호 관련)
가. 단독주택
나. 공동주택
다. 제1종 근린생활시설로서 당해 용도에 쓰이는 바닥면적의 합계가 1천제곱미터 미만인 것

제1종 일반주거지역 안에서 건축할 수 있는 건축물(제71조 제1항 제3호 관련)

[4층 이하(「주택법 시행령」 제10조 제1항 제2호에 따른 단지형 연립주택 및 같은 항 제3호에 따른 단지형 다세대주택인 경우에는 5층 이하를 말하며, 단지형 연립주택의 1층 전부를 필로티 구조로 하여 주차장으로 사용하는 경우에는 필로티 부분을 층수에서 제외하고, 단지형 다세대주택의 1층 바닥면적의 2분의 1 이상을 필로티 구조로 하여 주차장으로 사용하고 나머지 부분을 주택 외의 용도로 쓰는 경우에는 해당 층을 층수에서 제외한다)의 건축물만 해당한다. 다만, 4층 이하의 범위에서 도시·군계획조례로 따로 층수를 정하는 경우에는 그 층수 이하의 건축물만 해당한다.

가. 단독주택

나. 공동주택(아파트를 제외한다)

다. 제1종 근린생활시설

라. 제10호의 교육연구시설 중 유치원·초등학교·중학교 및 고등학교

마. 제11호의 노유자시설

제2종 일반주거지역 안에서 건축할 수 있는 건축물(제71조 제1항 제4호 관련)

가. 단독주택

나. 공동주택

다. 제1종 근린생활시설

라. 종교시설

마. 교육연구시설 중 유치원·초등학교·중학교 및 고등학교

바. 노유자시설

제3종 일반주거지역 안에서 건축할 수 있는 건축물

가. 단독주택

나. 공동주택

다. 제1종 근린생활시설

라. 종교시설

마. 교육연구시설 중 유치원·초등학교·중학교 및 고등학교

바. 노유자시설

준주거지역 안에서 건축할 수 없는 건축물(제71조 제1항 제6호 관련)

가. 제2종 근린생활시설 중 단란주점

나. 판매시설 중 같은 호 다목의 일반게임제공업의 시설

다. 의료시설 중 격리병원

라. 숙박시설[생활숙박시설로서 공원·녹지 또는 지형지물에 따라 주택 밀집지역과 차단되거나 주택 밀집지역으로부터 도시·군계획조례로 정하는 거리(건축물의 각 부분을 기준으로 한다) 밖에 건축하는 것은 제외한다]

마. 위락시설

바. 「건축법 시행령」 별표 1 제17호의 공장으로서 별표 4 제2호 차목 (1)부터 (6)까지의 어느 하나에 해당하는 것

사. 위험물 저장 및 처리 시설 중 시내버스차고지 외의 지역에 설치하는 액화석유가스 충전소 및 고압가스 충전소·저장소(「환경친화적 자동차의 개발 및 보급 촉진에 관한 법률」 제2조 제9호의 수소연료공급시설은 제외한다)

아. 자동차 관련 시설 중 폐차장

자. 「건축법 시행령」 별표 1 제21호의 가목·다목 및 라목에 따른 시설과 같은 호 아목에 따른 시설 중 같은 호 가목·다목 또는 라목에 따른 시설과 비슷한 것

차. 자원순환 관련 시설

카. 묘지 관련 시설

중심상업지역 안에서 건축할 수 없는 건축물(제71조 제1항 제7호 관련)

가. 단독주택(다른 용도와 복합된 것은 제외한다)

나. 공동주택[공동주택과 주거용 외의 용도가 복합된 건축물(다수의 건축물이 일체적으로 연결된 하나의 건축물을 포함한다)로서 공동주택 부분의 면적이 연면적의 합계의 90퍼센트(도시·군계획조례로 90퍼센트 미만의 범위에서 별도로 비율을 정한 경우에는 그 비율) 미만인 것은 제외한다]

다. 숙박시설 중 일반숙박시설 및 생활숙박시설. 다만, 다음의 일반숙박시설 또는 생활숙박시설은 제외한다.

  (1) 공원·녹지 또는 지형지물에 따라 주거지역과 차단되거나 주거지역으로부터 도시·군계획조례로 정하는 거리(건축물의 각 부분을 기준으로 한다) 밖에 건축하는 일반숙박시설

  (2) 공원·녹지 또는 지형지물에 따라 준주거지역 내 주택 밀집지역, 전용주거지역 또는 일반주거지역과 차단되거나 준주거지역 내 주택 밀집지역, 전용주거지역 또는 일반주거지역으로부터 도시·군계획조례로 정하는 거리(건축물의 각 부분을 기준으로 한다) 밖에 건축하는 생활숙박시설

라. 「건축법 시행령」 별표 1 제16호의 위락시설[공원·녹지 또는 지형지물에 따라 주거지역과 차단되거나 주거지역으로부터 도시·군계획조례로 정하는 거리(건축물의 각 부분을 기준으로 한다) 밖에 건축하는 것은 제외한다]

마. 「건축법 시행령」 별표 1 제17호의 공장(제2호 바목에 해당하는 것은 제외한다)

바. 위험물 저장 및 처리 시설 중 시내버스차고지 외의 지역에 설치하는 액화석유가스 충전소 및 고압가스 충전소·저장소(「환경친화적 자동차의 개발 및 보급 촉진에 관한 법률」 제2조 제9호의 수소연료공급시설은 제외한다)

사. 자동차 관련 시설 중 폐차장

아. 동물 및 식물 관련 시설

자. 자원순환 관련 시설

차. 묘지 관련 시설

일반상업지역 안에서 건축할 수 없는 건축물(제71조 제1항 제8호 관련)

가. 숙박시설 중 일반숙박시설 및 생활숙박시설. 다만, 다음의 일반숙박시설 또는 생활숙박시설은 제외한다.

　(1) 공원·녹지 또는 지형지물에 따라 주거지역과 차단되거나 주거지역으로부터 도시·군계획조례로 정하는 거리(건축물의 각 부분을 기준으로 한다) 밖에 건축하는 일반숙박시설

　(2) 공원·녹지 또는 지형지물에 따라 준주거지역 내 주택 밀집지역, 전용주거지역 또는 일반주거지역과 차단되거나 준주거지역 내 주택 밀집지역, 전용주거지역 또는 일반주거지역으로부터 도시·군계획조례로 정하는 거리(건축물의 각 부분을 기준으로 한다) 밖에 건축하는 생활숙박시설

나. 「건축법 시행령」 별표 1 제16호의 위락시설[공원·녹지 또는 지형지물에 따라 주거지역과 차단되거나 주거지역으로부터 도시·군계획조례로 정하는 거리(건축물의 각 부분을 기준으로 한다) 밖에 건축하는 것은 제외한다]

다. 「건축법 시행령」 별표 1 제17호의 공장으로서 별표 4 제2호 차목 (1)부터 (6)까지의 어느 하나에 해당하는 것

라. 위험물 저장 및 처리 시설 중 시내버스차고지 외의 지역에 설치하는 액화석유가스 충전소 및 고압가스 충전소·저장소(「환경친화적 자동차의 개발 및 보급 촉진에 관한 법률」 제2조 제9호의 수소연료공급시설은 제외한다)

마. 자동차 관련 시설 중 폐차장

바. 「건축법 시행령」 별표 1 제21호 가목부터 라목까지의 규정에 따른 시설 및 같은 호 아목에 따른 시설 중 동물과 관련된 가목부터 라목까지의 규정에 따른 시설과 비슷한 것

사. 자원순환 관련 시설

아. 묘지 관련 시설

근린상업지역 안에서 건축할 수 없는 건축물(제71조 제1항 제9호 관련)

가. 의료시설 중 격리병원

나. 「건축법 시행령」 별표 1 제15호의 숙박시설 중 일반숙박시설 및 생활숙박시설. 다만, 다음의 일반숙박시설 또는 생활숙박시설은 제외한다.

　(1) 공원·녹지 또는 지형지물에 따라 주거지역과 차단되거나 주거지역으로부터 도시·군계획조례로 정하는 거리(건축물의 각 부분을 기준으로 한다) 밖에 건축하는 일반숙박시설

　(2) 공원·녹지 또는 지형지물에 따라 준주거지역 내 주택 밀집지역, 전용주거지역 또는 일반주거지역과 차단되거나 준주거지역 내 주택 밀집지역, 전용주거지역 또는 일반주거지역으로부터 도시·군계획조례로 정하는 거리(건축물의 각 부분을 기준으로 한다) 밖에 건축하는 생활숙박시설

다. 위락시설[공원·녹지 또는 지형지물에 따라 주거지역과 차단되거나 주거지역으로부터 도시·군계획조례로 정하는 거리(건축물의 각 부분을 기준으로 한다) 밖에 건축하는 것은 제외한다]

라. 「건축법 시행령」 별표 1 제17호의 공장으로서 별표 4 제2호 차목 (1)부터 (6)까지의 어느 하나에 해당하는 것

마. 위험물 저장 및 처리 시설 중 시내버스차고지 외의 지역에 설치하는 액화석유가스 충전소 및 고압 가스 충전소·저장소(「환경친화적 자동차의 개발 및 보급 촉진에 관한 법률」제2조 제9호의 수소 연료공급시설은 제외한다)

바. 「건축법 시행령」별표 1 제20호의 자동차 관련 시설 중 같은 호 다목부터 사목까지에 해당하는 것

사. 「건축법 시행령」별표 1 제21호 가목부터 라목까지의 규정에 따른 시설 및 같은 호 아목에 따른 시설 중 동물과 관련된 가목부터 라목까지의 규정에 따른 시설과 비슷한 것

아. 자원순환 관련 시설

자. 묘지 관련 시설

유통상업지역 안에서 건축할 수 없는 건축물(제71조 제1항 제10호 관련)

가. 단독주택

나. 공동주택

다. 의료시설

라. 「건축법 시행령」별표 1 제15호의 숙박시설 중 일반숙박시설 및 생활숙박시설. 다만, 다음의 일반 숙박시설 또는 생활숙박시설은 제외한다.

　(1) 공원·녹지 또는 지형지물에 따라 주거지역과 차단되거나 주거지역으로부터 도시·군계획조 례로 정하는 거리(건축물의 각 부분을 기준으로 한다) 밖에 건축하는 일반숙박시설

　(2) 공원·녹지 또는 지형지물에 따라 준주거지역 내 주택 밀집지역, 전용주거지역 또는 일반주 거지역과 차단되거나 준주거지역 내 주택 밀집지역, 전용주거지역 또는 일반주거지역으로부 터 도시·군계획조례로 정하는 거리(건축물의 각 부분을 기준으로 한다) 밖에 건축하는 생활 숙박시설

마. 「건축법 시행령」별표 1 제16호의 위락시설[공원·녹지 또는 지형지물에 따라 주거지역과 차단되 거나 주거지역으로부터 도시·군계획조례로 정하는 거리(건축물의 각 부분을 기준으로 한다) 밖에 건축하는 것은 제외한다]

바. 공장

사. 「건축법 시행령」별표 1 제19호의 위험물 저장 및 처리 시설 중 시내버스차고지 외의 지역에 설치 하는 액화석유가스 충전소 및 고압가스 충전소·저장소(「환경친화적 자동차의 개발 및 보급 촉진 에 관한 법률」제2조 제9호의 수소연료공급시설은 제외한다)

아. 동물 및 식물 관련 시설

자. 자원순환 관련 시설

차. 관련 시설

전용공업지역 안에서 건축할 수 있는 건축물(제71조 제1항 제11호 관련)

가. 제1종 근린생활시설

나. 「건축법 시행령」별표 1 제4호의 제2종 근린생활시설[같은 호 아목·자목·타목(기원만 해당한다)· 더목 및 러목은 제외한다]

다. 공장

라. 창고시설

마. 위험물저장 및 처리시설

바. 자동차관련시설

사. 자원순환 관련 시설

아. 발전시설

일반공업지역 안에서 건축할 수 있는 건축물(제71조 제1항 제12호 관련)

가. 제1종 근린생활시설

나. 제2종 근린생활시설(단란주점 및 안마시술소를 제외한다)

다. 판매시설(해당일반공업지역에 소재하는 공장에서 생산되는 제품을 판매하는 시설에 한한다)

라. 운수시설

마. 공장

바. 창고시설

사. 위험물저장 및 처리시설

아. 자동차관련시설

자. 자원순환 관련 시설

차. 발전시설

준공업지역 안에서 건축할 수 없는 건축물(제71조 제1항 제13호 관련)

가. 위락시설

나. 묘지 관련 시설

보전녹지지역 안에서 건축할 수 있는 건축물(제71조 제1항 제14호 관련)

(4층 이하의 건축물에 한한다. 다만, 4층 이하의 범위 안에서 도시·군계획조례로 따로 층수를 정하는 경우에는 그 층수 이하의 건축물에 한한다)

가. 교육연구시설 중 초등학교

나. 창고(농업·임업·축산업·수산업용만 해당한다)

다. 교정 및 국방·군사시설

생산녹지지역 안에서 건축할 수 있는 건축물(제71조 제1항 제15호 관련)

(4층 이하의 건축물에 한한다. 다만, 4층 이하의 범위 안에서 도시·군계획조례로 따로 층수를 정하는 경우에는 그 층수 이하의 건축물에 한한다)

가. 단독주택

나. 제1종 근린생활시설

다. 교육연구시설 중 유치원·초등학교

라. 노유자시설

마. 수련시설

바. 운동시설 중 운동장
사. 창고(농업·임업·축산업·수산업용만 해당한다)
아. 위험물저장 및 처리시설 중 액화석유가스충전소 및 고압가스충전·저장소
자. 「건축법 시행령」 별표 1 제21호의 시설(같은 호 다목 및 라목에 따른 시설과 같은 호 아목에 따른
　　시설 중 동물과 관련된 다목 및 라목에 따른 시설과 비슷한 것은 제외한다)
차. 교정 및 국방·군사시설
카. 방송통신시설
타. 발전시설
파. 야영장 시설

자연녹지지역 안에서 건축할 수 있는 건축물(제71조 제1항 제16호 관련)
(4층 이하의 건축물에 한한다. 다만, 4층 이하의 범위 안에서 도시·군계획조례로 따로 층수를 정하는
경우에는 그 층수 이하의 건축물에 한한다)
가. 단독주택
나. 제1종 근린생활시설
다. 제2종 근린생활시설[같은 호 아목, 자목, 더목 및 러목(안마시술소만 해당한다)은 제외한다]
라. 의료시설(종합병원·병원·치과병원 및 한방병원을 제외한다)
마. 교육연구시설(직업훈련소 및 학원을 제외한다)
바. 노유자시설
사. 수련시설
아. 운동시설
자. 창고(농업·임업·축산업·수산업용만 해당한다)
차. 동물 및 식물관련시설
카. 자원순환 관련 시설
타. 교정 및 국방·군사시설
파. 방송통신시설
하. 발전시설
거. 묘지관련시설
너. 관광휴게시설
더. 장례시설
러. 야영장 시설

보전관리지역 안에서 건축할 수 있는 건축물
(4층 이하의 건축물에 한한다. 다만, 4층 이하의 범위 안에서 도시·군계획조례로 따로 층수를 정하는
경우에는 그 층수 이하의 건축물에 한한다)

가. 단독주택

나. 교육연구시설 중 초등학교

다. 교정 및 국방·군사시설

생산관리지역 안에서 건축할 수 있는 건축물(제71조 제1항 제18호 관련)

(4층 이하의 건축물에 한한다. 다만, 4층 이하의 범위 안에서 도시·군계획조례로 따로 층수를 정하는 경우에는 그 층수 이하의 건축물에 한한다)

가. 단독주택

나. 「건축법 시행령」 별표 1 제3호 가목, 사목(공중화장실, 대피소, 그 밖에 이와 비슷한 것만 해당한다) 및 아목에 따른 제1종 근린생활시설

다. 교육연구시설 중 초등학교

라. 운동시설 중 운동장

마. 창고(농업·임업·축산업·수산업용만 해당한다)

바. 「건축법 시행령」 별표 1 제21호 마목부터 사목까지의 규정에 따른 시설 및 같은 호 아목에 따른 시설 중 식물과 관련된 마목부터 사목까지의 규정에 따른 시설과 비슷한 것

사. 교정 및 국방·군사시설

아. 발전시설

계획관리지역 안에서 건축할 수 없는 건축물(제71조 제1항 제19호 관련)

가. 4층을 초과하는 모든 건축물

나. 공동주택 중 아파트

다. 제1종 근린생활시설 중 휴게음식점 및 제과점으로서 국토교통부령으로 정하는 기준에 해당하는 지역에 설치하는 것

라. 제2종 근린생활시설 중 일반음식점·휴게음식점·제과점으로서 국토교통부령으로 정하는 기준에 해당하는 지역에 설치하는 것과 단란주점

마. 판매시설(성장관리계획구역에 설치하는 판매시설로서 그 용도에 쓰이는 바닥면적의 합계가 3천제곱미터 미만인 경우는 제외한다)

바. 제14호의 업무시설

사. 숙박시설로서 국토교통부령으로 정하는 기준에 해당하는 지역에 설치하는 것

아. 위락시설

자. 「건축법 시행령」 별표 1 제17호의 공장 중 다음의 어느 하나에 해당하는 것. 다만, 「공익사업을 위한 토지 등의 취득 및 보상에 관한 법률」에 따른 공익사업 및 「도시개발법」에 따른 도시개발사업으로 해당 특별시·광역시·특별자치시·특별자치도·시 또는 군의 관할구역으로 이전하는 레미콘 또는 아스콘 공장과 성장관리계획구역에 설치하는 공장(「대기환경보전법」, 「물환경보전법」, 「소음·진동관리법」 또는 「악취방지법」에 따른 배출시설의 설치 허가 또는 신고 대상이 아닌 공장으로 한정한다)은 제외한다.

(1) 별표 19 제2호 자목 (1)부터 (4)까지에 해당하는 것. 다만, 인쇄·출판시설이나 사진처리시설로서 「물환경보전법」 제2조 제8호에 따라 배출되는 특정수질유해물질을 전량 위탁처리하는 경우는 제외한다.

(2) 화학제품시설(석유정제시설을 포함한다). 다만, 다음의 어느 하나에 해당하는 시설로서 폐수를 「하수도법」 제2조 제9호에 따른 공공하수처리시설 또는 「물환경보전법」 제2조 제17호에 따른 공공폐수처리시설로 전량 유입하여 처리하거나 전량 재이용 또는 전량 위탁처리하는 경우는 제외한다.

  (가) 물, 용제류 등 액체성 물질을 사용하지 않고 제품의 성분이 용해·용출되는 공정이 없는 고체성 화학제품 제조시설

  (나) 「화장품법」 제2조 제3호에 따른 유기농화장품 제조시설

  (다) 「농약관리법」 제30조 제2항에 따른 천연식물보호제 제조시설

  (라) 「친환경농어업 육성 및 유기식품 등의 관리·지원에 관한 법률」 제2조 제6호에 따른 유기농어업자재 제조시설

  (마) 동·식물 등 생물을 기원(起源)으로 하는 산물(이하 "천연물"이라 한다)에서 추출된 재료를 사용하는 다음의 시설[「대기환경보전법」 제2조 제11호에 따른 대기오염물질배출시설 중 반응시설, 정제시설(분리·증류·추출·여과 시설을 포함한다), 용융·용해시설 및 농축시설을 설치하지 않는 경우로서 「물환경보전법」 제2조 제4호에 따른 폐수의 1일 최대 배출량이 20세제곱미터 이하인 제조시설로 한정한다.

    1) 비누 및 세제 제조시설

    2) 공중위생용 해충 구제제 제조시설(밀폐된 단순 혼합공정만 있는 제조시설로서 특별시장·광역시장·특별자치시장·특별자치도지사·시장 또는 군수가 해당 지방도시계획위원회의 심의를 거쳐 인근의 주거환경 등에 미치는 영향이 적다고 인정하는 시설로 한정한다)

(3) 제1차금속, 가공금속제품 및 기계장비 제조시설 중 「폐기물관리법 시행령」 별표 1 제4호에 따른 폐유기용제류를 발생시키는 것

(4) 가죽 및 모피를 물 또는 화학약품을 사용하여 저장하거나 가공하는 것

(5) 섬유제조시설 중 감량·정련·표백 및 염색 시설. 다만, 다음의 기준을 모두 충족하는 염색시설은 제외한다.

  (가) 천연물에서 추출되는 염료만을 사용할 것

  (나) 「대기환경보전법」 제2조 제11호에 따른 대기오염물질 배출시설 중 표백시설, 정련시설이 없는 경우로서 금속성 매염제를 사용하지 않을 것

  (다) 「물환경보전법」 제2조 제4호에 따른 폐수의 1일 최대 배출량이 20세제곱미터 이하일 것

  (라) 폐수를 「하수도법」 제2조 제9호에 따른 공공하수처리시설 또는 「물환경보전법」 제2조 제17호에 따른 공공폐수처리시설로 전량 유입하여 처리하거나 전량 재이용 또는 전량 위탁처리할 것

(6) 「수도권정비계획법」 제6조 제1항 제3호에 따른 자연보전권역 외의 지역 및 「환경정책기본법」 제38조에 따른 특별대책지역 외의 지역의 사업장 중 「폐기물관리법」 제25조에 따른 폐기물처리업 허가를 받은 사업장. 다만, 「폐기물관리법」 제25조 제5항 제5호부터 제7호까지의 규정에 따른 폐기물 중간·최종·종합재활용업으로서 특정수질유해물질이 「물환경보전법 시행령」 제31조 제1항 제1호에 따른 기준 미만으로 배출되는 경우는 제외한다.

(7) 「수도권정비계획법」 제6조 제1항 제3호에 따른 자연보전권역 및 「환경정책기본법」 제38조에 따른 특별대책지역에 설치되는 부지면적(둘 이상의 공장을 함께 건축하거나 기존 공장부지에 접하여 건축하는 경우와 둘 이상의 부지가 너비 8미터 미만의 도로에 서로 접하는 경우에는 그 면적의 합계를 말한다) 1만제곱미터 미만의 것. 다만, 특별시장·광역시장·특별자치시장·특별자치도지사·시장 또는 군수가 1만5천제곱미터 이상의 면적을 정하여 공장의 건축이 가능한 지역으로 고시한 지역 안에 입지하는 경우나 자연보전권역 또는 특별대책지역에 준공되어 운영 중인 공장 또는 제조업소는 제외한다.

농림지역 안에서 건축할 수 있는 건축물(제71조 제1항 제20호 관련)

가. 단독주택으로서 현저한 자연훼손을 가져오지 아니하는 범위 안에서 건축하는 농어가주택(「농지법」 제32조 제1항 제3호에 따른 농업인 주택 및 어업인 주택을 말한다)

나. 「건축법 시행령」 별표 1 제3호 사목(공중화장실, 대피소, 그 밖에 이와 비슷한 것만 해당한다) 및 아목에 따른 제1종 근린생활시설

다. 교육연구시설 중 초등학교

라. 창고(농업·임업·축산업·수산업용만 해당한다)

마. 「건축법 시행령」 별표 1 제21호 마목부터 사목까지의 규정에 따른 시설 및 같은 호 아목에 따른 시설 중 식물과 관련된 마목부터 사목까지의 규정에 따른 시설과 비슷한 것

바. 발전시설

비고

「국토의 계획 및 이용에 관한 법률」 제76조 제5항 제3호에 따라 농림지역 중 농업진흥지역, 보전산지 또는 초지인 경우에 건축물이나 그 밖의 시설의 용도·종류 및 규모 등의 제한에 관하여는 각각 「농지법」, 「산지관리법」 또는 「초지법」에서 정하는 바에 따른다.

자연환경보전지역 안에서 건축할 수 있는 건축물(제71조 제1항 제21호 관련)

가. 단독주택으로서 현저한 자연훼손을 가져오지 아니하는 범위 안에서 건축하는 농어가주택

나. 교육연구시설 중 초등학교

확인사항

1. 아파트 불가 지역

제1종전용주거지역
제1종일반주거지역
유통상업지역
전용공업지역
일반공업지역
녹지지역
관리지역
농림지역
자연환경보전지역

2. 단독주택 불가 지역

유통상업지역
전용공업지역

건폐율 및 용적률

용도지역				건폐율(%)	용적률(%) (하한~상한)	
도시지역	주거지역	전용 (양호)	1종	50	50	100
			2종	50	50	150
		일반 (편리)	1종	60	100	200
			2종	60	100	250
			3종	50	100	300
		준주거		70	200	500
	상업지역	중심		90	200	1500
		일반		80	200	1300
		유통		80	200	1100
		근린		70	200	900

도시지역	공업지역	전용		70	150	300
		일반		70	150	350
		준공업		70	150	400
	녹지지역	보전		20	50	80
		생산		20	50	100
		자연		20	50	100
관리지역	보전관리			20	50	80
	생산관리			20	50	80
	계획관리			40	50	100
농림지역				20	50	80
자연환경보전지역				20	50	80

부동산 가격공시에
관한 법률

CHAPTER 01 표준지공시지가

ⓖ − 선정 − 조사·평가 − 심의 공시(1 / 1)

│ 〈㎡ 가격〉

의뢰

Ⅰ. 선정

┌─ 이용상황 / 주위환경 /

│   자연·사회적 조건

└─ 대표필지

의뢰 − [법인 등]

복수 − 단수

┌─ 지변율↓ & (읍면동 ≤ 전국)

└─ 개발사업·용도지역지구변경 없는 지역

2. 조사·평가

┌→ 공시지가·소재지 ┐

└─ 용도지역·지목 ┘

이용상황   조사평가사항 : 공시지가, 소재지, 면적, 지목, 용도지역 등 ……

① 기준

ⅰ) ┌─ 인근유사 사정개입(특수한 사정 / 지식부족) ✕ → 거래가격/임대료/조성비

│   인근·다른지역 형평성

└─ 표공 변경예측가능성

ⅱ) 나지상정(정착물 ✕, 소유권의 권리 ✕)

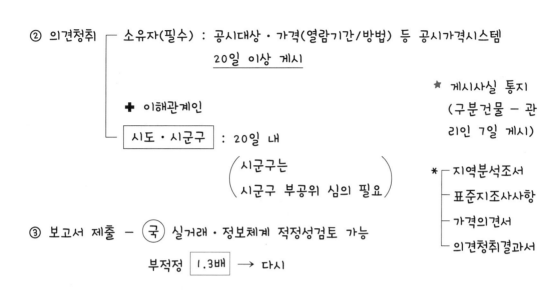

② 의견청취 ┬ 소유자(필수) : 공시대상 · 가격(열람기간/방법) 등 공시가격시스템
          │   20일 이상 게시
          │
          ┼ ✚ 이해관계인
          └ 시도 · 시군구 : 20일 내
                     ⎛ 시군구는   ⎞
                     ⎝ 시군구 부공위 심의 필요 ⎠

★ 게시사실 통지
  (구분건물 - 관
  리인 7일 게시)

＊ ┬ 지역분석조서
  ├ 표준지조사사항
  ├ 가격의견서
  └ 의견청취결과서

③ 보고서 제출 — Ⓒ국 실거래 · 정보체계 적정성검토 가능

      부적정 1.3배 → 다시

      법령위반 → 다른 법인 등

④ 결정 : 산술평균

3. 심의(중앙)

4. 공시

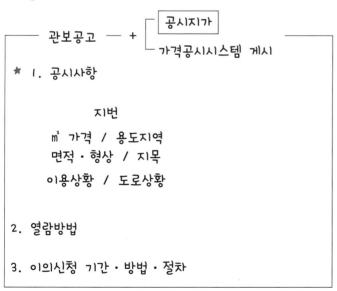

┌─ 관보공고 ─ ＋ ┌ 공시지가
│   └ 가격공시시스템 게시
│
│ ★ 1. 공시사항
│
│   지번
│   ㎡ 가격 / 용도지역
│   면적 · 형상 / 지목
│   이용상황 / 도로상황
│
│ 2. 열람방법
│
│ 3. 이의신청 기간 · 방법 · 절차
└─

5. **통지** ───────────────── 6. **열람**   7. **이의신청**(⑩에게)

         (가능)

   미통지 시   시도 거쳐   (서면: 전자문서 포함)

   신문·방송 등   ⇩   공시일 ~ 30일

   열람가능   시군구 송부   기간만료일 ~ 30일 심사

                   ⇩

               일반인 열람

          ✚ 도서·도표
            관계장 통보

8. **적용**

   ┌ 국·지·공공기간 / 단체
   │ 공적평가 시 ┌ 보상 / 취득·처분·조성용지공급·분양·매입·매각·경매·재평가
   │   └ 환지·체비지
   │   └➤ 도시개발사업
   │   정비사업
   │   농업생산기반정비사업
   ├ ┌ 직접산정(비준표)
   │ └ 평가의뢰
   │
   └ 필요시 가감가능

9. **효력**   10. (협조)   11. (타토)

   평가기준

   거래지표   i) 일출·일몰 전에 출입 ✕

   정보제공   (점유자 승낙 시 가능)

   산정기준   ii) 3일 전까지 점유자 통지

                                iii) 공무원은 허가 ✕

                                iv) 손실보상 규정 ✕

CHAPTER 02 개별공시지가

개 │ 시군구 ─ 조사 · 산정 · 검증 ─ 심의 ─ 공시(1/1 ─ 5/31까지)

〈㎡ 가격〉

대상 ×

┌ 표준지
└ 조세 · 부담금 ×

법규정, 시군구 · 관계장 협의 시는 생략 ×

I. 조사 · 산정

국

기준통보

⇩

┌ 토지특성조사   비표 × 비준표
│ 비교표준지선정 → (하나 또는 둘)
└ 비준표사용

2. 검증

┌ 표공
└ 실적우수

검증사항 ★

① 비교 × 비준표 = ② 개공

③ 균형   ④ 시가

⑤ 용도지역 · 이용상황 등 특성일치 여부(공부)

⑥ 표준/개별 주택 · 표준/개별 비주거용 부동산
특성일치 여부

생략 (개발사업 · 용도지역 / 지구 변경 시 ×)

지번을 읍 · 면 · 동 지변률 작은 순

중장협의 미리

3. 의견청취 소유자

이해관계인

┌ 개별토지가격열람부 ✚ 시군구(자치구) 게시판 ┐ 20일 이상 게시
  갖추고   홈페이지
└ 의견제출기간 만료일 ~ 30일 심사

4. 심의

5. 공시

✦ 시군구 게시판 / 홈피 게시
개공 / 조사기준일 / 필지수
이의신청 기간 / 절차방법 …

6. 통지가능

7. 이의신청 공시일~30일 내 / 기간만료일~30일 내 결과 서면통지

서면(전자문서 포함)
시·군·구에게

8. 정정

틀린 계산·오기·절차·표준지선정, 비준표적용, 주요요인조사

심의 ×

심의 후 정정

9. 분할합병

분할/합병·신규등록, 지목변경
국공 ⟶ 사유 개공 ×

사유발생	기준일	공시일
1.1 ~ 6.30	7.1	10.31까지
7.1. ~ 12.31	다음 1.1.	5.31까지

10. 비용보조

국고 50% 이내

CHAPTER 03 부록

공시사항 비교

표준지공시지가	지번, 단위면적당 가격, 면적 및 형상, 표준지 이용상황, 주변토지 이용상황, 지목, 용도지역, 도로상황, 그 밖에 필요한 사항
개별공시지가	개별공시지가 : 시·군·구 게시판 또는 홈페이지에 게시 ① 조사기준일, 공시필지의 수 및 개공 열람방법 등 개공 결정에 관한 사항 ② 이의신청의 기간·절차 및 방법
표준주택	지번, 표준주택가격, 대지면적 및 형상, 용도, 연면적, 구조 및 사용승인일(임시사용승인일 포함), 지목, 용도지역, 도로상황, 그 밖에 필요한 사항
개별주택	개별주택의 지번, 가격, 용도 및 면적, 그 밖에 공시에 필요한 사항 : 시·군·구(자치구) 게시판 또는 홈페이지에 게시 ① 조사기준일 및 개별주택가격의 열람방법 등 개별주택가격의 결정에 관한 사항 ② 이의신청의 기간·절차 및 방법
공동주택	공동주택의 소재지, 명칭, 동, 호수, 공동주택의 가격, 공동주택의 면적, 그 밖에 필요한 사항
비주거용 표준부동산	지번, 가격, 대지면적 및 형상, 용도, 연면적, 구조 및 사용승인일(임시사용승인일 포함), 지목, 용도지역, 도로상황, 그 밖에 필요한 사항
비주거용 개별부동산	비주거용 부동산가격, 지번, 그 밖에 대통령령으로 정하는 사항(용도 및 면적, 그 밖에 비주거용 개별부동산가격 공시에 필요한 사항)
비주거용 집합부동산	비집의 소재지, 명칭, 동, 호수, 가격, 면적, 비집 공시에 필요한 사항

공시지가와 주택 및 비주거용 부동산 비교

Ⅰ. 주택가격공시제도

(공시지가와 차이점 중심으로)

1. 표준주택가격공시제도
① 국은 용도지역, 건물구조 등이 일반적으로 유사한 일단의 단독주택 중 표준주택 선정
② **기본절차** : 표준주택 선정 → 조사·산정 → 의견청취 → 심의 → 공시
③ **산정의뢰** - 한국부동산원에 의뢰
④ **보고서제출** : 부적정 판단 시 / 법령 위반 시 부동산원에 시정 제출하게 할 수 있음

⑤ 공시사항 : 지번, 표준주택가격, 대지면적 및 형상, 용도, 연면적, 구조 및 사용승인일(임시사용 승인일 포함), 지목, 용도지역, 도로상황, 그 밖에 필요한 사항

⑥ 효력 : 국가, 지단 등이 그 업무와 관련하여 개별주택가격으로 산정에 기준이 된다.

2. 개별주택가격공시제도

① 기본절차 : 시 · 군 · 구청장은 시 · 군 · 구부공위 심의 거쳐 공시기준일(1월 1일) 공시(4월 30일까지) + 관계 행정기관 등에 제공

* 공시 안 할 수 있음
표준주택(표준주택=개별주택)
국세, 지방세 부과대상 아닌 단독주택

② 검증 : 부동산원에 의뢰(가격현황도면 · 가격조사자료 제공)

③ 공시사항 : 개별주택의 지번, 가격, 용도 및 면적, 그 밖에 공시에 필요한 사항

④ 분할 합병 등 : 공시기준일 이후 분할, 합병, 건축물의 신축(건축법상 건축 · 대수선 또는 용도변경)이 된 단독주택, 국공유에서 매각된 사유 단독주택으로서 가격 없는 단독주택

사유발생	-	공시기준일	-	공시일
1.1~5.31		그해 6.1		그해 9.30
6.1~12.31		다음해 1.1		다음해 4.30

* 사유발생 · 공시기준일 · 공시일은 비주거용 개별부동산 및 비주거용 집합부동산 동일 적용

⑤ 효력
주택시장의 가격정보 제공
국가 지단 등이 과세 등의 업무와 관련하여 주택의 가격을 산정하는 경우에 그 기준으로 활용될 수 있다.

* 타인토지 출입 준용규정 없음!!!!

3. 공동주택가격 공시제도

① 기본절차 : 국토교통부장관은 공시기준일(1월 1일) 현재 적정가격(공동주택가격) 조사 - 산정 - 중부위 심의 - 공시(4월 30일까지) + 관계기관 제공

* 공시 안 할 수 있음(국세청장과 협의하여 기준시가를 별도 결정 · 고시하는 경우)

　　　⊙ 아파트
　　　ⓛ 건축 연면적 165제곱미터 이상의 연립주택
　② **의뢰** : 한국부동산원에 의뢰
　③ **공시사항** : 공동주택의 소재지, 명칭, 동, 호수, 공동주택의 가격, 공동주택의 면적, 그 밖에
　　　필요한 사항
　④ **효력**
　　　주택시장의 가격정보 제공
　　　국가 지단 등이 과세 등의 업무와 관련하여 주택의 가격을 산정하는 경우에 그 기준으로 활용
　　　될 수 있다.

II. 비주거용 부동산 가격공시제도

(공시지가와 차이점 중심으로)

1. 비주거용 표준부동산

　① 국은 용도지역, 이용상황, 건물구조 등이 일반적으로 유사한 일단의 비주거용 일반부동산 중
　　　비주거용 표준부동산 선정
　② 공시기준일(1월 1일) 현재 적정가격(비주거용 표준부동산가격) 조사 – 산정 – 중부위 심의
　　　– 공시할 수 있다.
　③ **의뢰** : 감정평가법인등 또는 부동산 가격의 조사 산정에 전문성이 있는 자(한국부동산원)
　④ **공시사항** : 지번, 가격, 대지면적 및 형상, 용도, 연면적, 구조 및 사용승인일(임시사용승인일
　　　포함), 지목, 용도지역, 도로상황, 그 밖에 필요한 사항

2. 비주거용 개별부동산

　① **기본절차** : 시·군·구청장은 시·군·구부공위 심의 거쳐 공시기준일(1월 1일) 현재 비주거
　　　용 개별부동산의 가격을 결정 공시(4월 30일까지) 가능

　　　* 평가가 아닌 결정
　　　* 공시 안 할 수 있음(행안장과 국청장이 국과 미리 대상 시기를 협의한 후 별도로 고시하는
　　　　경우)
　　　⊙ 비주거용 표준부동산(= 비주거용 개별부동산)
　　　ⓛ 국세 또는 지방세 부과대상이 아닌 비주거용 일반부동산
　　　ⓒ 그 밖에 국토교통부장관이 정하는 경우
　　　② 단, 법령규정 및 관계기관장과 협의하여 공시하기로 한 경우에는 공시해야 함

② 세부절차 : 유사이용가치 비주거용 표준부동산 * 비주거용 부동산가격비준표

③ 검증 : 법인등 및 부동산원에 의뢰(가격현황도면·가격조사자료 제공)

④ 공시사항 : 비주거용 부동산가격, 지번, 그 밖에 대통령령으로 정하는 사항(용도 및 면적, 그 밖에 비주거용 개별부동산가격 공시에 필요한 사항)

⑤ 비주거용 개별부동산 소유자에게 아래 사항을 개별통지하여야 한다.

  ㉠ 조사기준일 및 비주거용 개별부동산의 수 및 비주거용 개별부동산가격의 열람방법 등 가격의 결정에 관한 사항

  ㉡ 이의신청의 기간·절차 및 방법

⑥ 효력

  부동산시장에 가격정보 제공

  국가 지단 등이 과세 등의 업무와 관련하여 비주거용 부동산의 가격을 산정하는 경우에 그 기준으로 활용될 수 있다.

  * 타인토지 출입 준용규정 없음!!!!

  * 비용보조 준용규정 없음!!!!

3. 비주거용 집합부동산

① 국은 공시기준일(1월 1일) 현재 적정가격(비집 가격) 조사 - 산정 - 중부위 심의 - 공시(4월 30일까지)할 수 있다.

  시·군·구청장은 비집을 결정공시한 경우에는 이를 관계 행정기관 등에 제공해야 한다.

  * 조사 산정인력 및 비주거용 집합부동산 수 고려하여 부득이한 경우 일부지역에 대해 따로 정할 수 있다.

  * 공시 안 할 수 있음

    : 행정안전부장관과 국세청장이 국과 미리 대상 시기를 협의한 후 별도로 고시하는 경우

② 의뢰 : 한국부동산원 / 부동산 가격의 조사 산정에 관한 전문성이 있는 자(법인등)

③ 소유자 및 이해관계인 의견청취(필수)

  ** 시·도·시·군·구 의견청취 없음

④ 공시사항 : 비집의 소재지, 명칭, 동, 호수, 가격, 면적, 비집 공시에 필요한 사항

⑤ 효력

  비주거용 부동산시장에 가격정보 제공

  국가 지단 등이 과세 등의 업무와 관련하여 비주거용 부동산의 가격을 산정하는 경우에 그 기준으로 활용될 수 있다.

PART

03

감정평가 및
감정평가사에 관한 법률

CHAPTER 01 감정평가(제3조~제9조)

기준 | 토지 감정 시 공시지가기준 / 적정한 실거래 기준 가능

+ 임대료 조성원가 고려가능 ┌ 자산재평가법 토지 등
│ 소송경매(보증소 제외)
└ 금융기관, 보험회사, 신탁회사 등 타인의뢰 토지 등

법인등(소송평가사포함)이 지켜야 할 원칙과 기준은 국토교통부령으로 정한다.

국은 실무기준 제증 등의 업무 수행 위해 전문성 갖춘 민간법인 / 단체 지정가능(실무제정기관)

+ 감정평가관리 및 징계위원회 심의 거쳐 기준제정기관에 실무기준 내용 변경요구 가능 (정당한 사유 없으면 따라야 한다.)

국가는 기준제정기관의 설립 및 운영에 필요한 비용의 일부 또는 전부 지원 가능

| 직무 | 의뢰(법인 등) 및 협회추천 | 의뢰 목적 |

타인의뢰
토지 등
감정평가

공공성 지닌
가치평가
전문직
공정 / 객관
직무수행

국가
지단
공공기관
공공단체(지방공사)
┐ 토지 등 관리, 매입, 매각
┘ 경매, 재평가 등

금보신 / 신새 ── 대출, 재산의 매입 매각 관리
기업재무제표 작성 관련 평가

협회추천 가능(7일 이내 추천)
전문성 / 업무실적
조직규모 / 손해배상능력
징계건수 등 고려 추천

감정평가(심사 / 발송 / 보존)

지체 없이 평가실시 후 발송
(전자문서 감정평가서 포함)

감정평가사 서명날인
소속평가사 심사(법인 내) + 서명날인
대표사원 / 이사 서명 or 날인
원본 5년 / 관련 서류 2년
(해산 폐업 동일 ⇒ 30일 이내에 국에게 제출)
(전자적 기록매체 수록 보존 가능)

적정성 검토

의뢰인 및 관계기관은 적정성 검토를
법인 등에 의뢰 가능(해당 법인 등 제외)

→ 의뢰인
  감정서활용상대방
  행정기관

소속평가사 둘 이상인 법인등
(대표사원, 이사, 대표자 포함)
+ 수행평가사는 경력 5년 이상
  실적 100건 이상

타당성조사

직권, 관계기관신청
법인 등 / 이해관계인(의뢰인)
의견진술기회부여

* 절차
  조사착수일부터 10일 이내 통지
  통지일로부터 10일 이내 의견제출
  완료 시 지체 없이 결과 통지

정보체계(부동산원위탁)

1. 감정평가결과등록
   보상, 경매, 공매 등 공적 평가
   개인정보 필요시는 ×
   보고서발급일 ~ 40일 이내
   선례정보 등록
   등록사실 의뢰인에게 알려
   수정보완요청 시 10일 내 수정보안

2. 토지건물 가격정보
   (공시지가 실거래 등)

국은 제도개선 위해 표본조사 가능

┌ 무작위 추출 가능 ┐
└ 우선추출 가능 ┘

* 실시분야

① 3년 내 타당성조사 결과 부실분야

② 무작위추출 표본조사 결과 위반사례 다수분야

③ 국토교통부장관이 필요하다고 인정하는 분야

(협회요청을 받아서)

[기준제정기관]

* 국토교통부장관은 민간법인 또는 단체를 기준제정기관으로 지정한다.

1. 3명 이상 상시고용 하고 있을 것

등록한 감정평가사로서 5년 이상 실무경력 있는 자

감정평가 관련 분야 학위취득자로서 3년 이상 종사자(학위 취득 이전 경력 포함)

2. 감정평가실무기준의 제정·개정 및 연구 등의 업무를 수행하는 데 필요한 전담 조직과 관리
체계를 갖추고 있을 것

3. 투명한 회계기준이 마련되어 있을 것

4. 국토교통부장관이 정하여 고시하는 금액 이상의 자산을 보유하고 있을 것

** 기준제정기관을 지정하려면 감정평가관리·징계위원회 심의 거쳐

*** 기준제정기관을 지정한 경우에는 지체 없이 그 사실을 관보에 공고하거나 국토교통부 홈페
이지에 게시해야 한다.

**** 기준제정기관의 업무 등

1. 감정평가실무기준의 제정 및 개정
2. 감정평가실무기준에 대한 연구
3. 감정평가실무기준의 해석
4. 감정평가실무기준에 관한 질의에 대한 회신
5. 감정평가와 관련된 제도의 개선에 관한 연구
6. 그 밖에 감정평가실무기준의 운영과 관련하여 국토교통부장관이 정하는 업무

***** 기준제정기관은 감정평가실무기준의 제정·개정 및 해석에 관한 중요 사항을 심의하기 위하여 기준제정기관에 국토교통부장관이 정하는 바에 따라 9명 이내의 위원으로 구성되는 감정평가실무기준심의위원회를 두어야 한다. + 감정평가실무기준심의위원회의 구성 및 운영에 필요한 사항은 국토교통부장관이 정한다.

CHAPTER 02 감정평가사
(공공성을 지닌 가치평가 전문직)

01 절 업무와 자격

업무(제10조)

공적평가   공시업무, 보상, 취득처분

사적평가   ┌ 자산재평가
          │ 소송 / 경매
          └ 금보신 등 타인의로 평가

컨설팅 등   상담 / 자문, 조언 / 정보제공

자격(시험합격)   자격취소
              ┌ 부정방법, 징계취소
              └ 자격증 / 등록증 7일 내 반납

결격사유

파산선고 미복권자

┌ 금고 이상 실형 집행 종료 / 면제날부터 3년 미경과
│ 금고 이상 형의 집행유예 기간 만료일부터 1년 미경과
│ 금고 이상의 선고유예 기간 중
│ 자격취소 후 3년 미경과(부정방법, 제27조 위반)
└ 자격취소 후 5년 미경과
    ┌ 감정평가직무 관련 금고 이상의 형 확정(집행유예 포함)
    └ 업무정지 1년 이상 징계 2회 이상 받고 또 징계사유 있는 자로서 직무수행이 현저히 부적
      당한 경우

미성년자, 피성년후견인, 피한정후견인 삭제

02 절 시험

시험(1차 면제 5년 근무)
부정행위제재(5년간 응시 ×)

03 절 등록

등록(갱신)

실무수습-(수습 1년 : 이론 4개월, 실무 8개월   ‖ 교육연수 - 등록취소 및 업무정지
                     면제자는 이론 4주)   (25시간 이상) 받은 평가사

(갱신기간 3년 이상)

5년마다 등록

거부사유 ┌ 제12조 결격사유
         │ 실무수습 / 교육연수 미이수자
         │ 자격 또는 등록 취소 후 3년 미경과자(징계사유)
         │ 업무정지 기간 미경과자
         └ 미성년자/피성년후견인/피한정후견인

     * 결격사유 시 등록취소

등록취소(등록증 반납)

결격사유, 사망, 등록취소 신청 시, 등록취소징계

외국인(상호주의)

컨설팅 업무 제외하고 업무제한 가능

04 절 권리와 의무

1. 사무소 개설 및 고용인 신고

* 개설 못하는 경우

- 등록(갱신)거부사유 해당자
- 인가취소 후 1년 미경과 및
  업무정지 기간 미경과시 법인의 사원 / 이사
- 업무정지기간 중인 평가사

합동사무소(2명 이상)

1개 사무소만 설치가능

신고된 소속평가사에게만 업무시킴

소속평가사 / 사무직원 신고

업무시작 전 신고 / 고용관계 종료된 때 ~ 10일 이내 신고

* 법인 등은 사무직원 지도감독 책임

사무직원 결격사유

- 미 / 피 / 피
  징역 이상의 형 집행 종료 3년 미경과
  징역형의 집행유예 기간 지난 후 1년 미경과자
  징역형의 선고유예 기간 중
  자격취소(부담 / 양도대여) 후 1년 미경과자
  자격취소(금고이상 형 확정) 후 5년 미경과자
  자격취소(업무정지 2회 이상 + α) 후 3년 미경과자
  업무정지 중인 경우
- 법인 등은 지도감독책임

⟨국⟩은 결격사유관련 자료요청가능

(관계기관은 특별한 사정 없으면 제공)

2. 성실의무

┌ 품위유지 / 신의성실 / 공정감정 / 고의 중과실

│ 자기 / 친족 불공정감정우려

│ 토지 등 매매업 ✕

│ 수수료 실비 외 대가 ✕

│ 수주 대가로 금품 또는 재산상 이익 제공하거나 제공받기로 약속 ✕

│ 둘 이상 법인 또는 사무소에 소속 ✕

│ 법인 등 사무직원은 특정가액 평가 유도 금지

└ 다른 법인 주식 소유 ✕

3. 명의대여 금지

┌ 다른 사람에게 성명 / 상호 사용하여 업무수행 ✕

└ 자격증 / 등록증 / 인가증 양도 대여 ✕ 부당사용 ✕

4. 비밀엄수(법령에 특별규정 있는 경우 예외)

수수료

위원회 심의 거쳐 결정

5. 손해배상

┌ 법인 등 고의 또는 과실

│ 평가 당시 적정가격과 현저한 차이

│ 서류에 거짓 기록

└ 의뢰인 / 선의의 제3자 손해발생 시 배상

법인 등은 보험가입 또는 공제사업 가입

* 보증보험 가입금액은 1인당 1억 이상

* 보증보험금으로 배상 시 10일 내 다시 계약체결해

확정판결로 손해배상액 결정 시 국에게 알려

6. 감정평가 유도 / 요구금지

누구든지 법인등(소속포함) / 사무직원에게 특정가액평가 유도 또는 요구 금지

05 절 감정평가법인

I. 감정평가법인 → 상법 중 회사에 관한 규정 준용

소속평가사 외의 사람에게 업무 ✕

1. **설립(5명 이상 / 주분사무소 각 2명 이상 / 자본금 2억 이상)**

   자본금 미달 시 사업연도 끝난 후 6개월 내 사원 증여로 보전 / 증자 ⇒ 특별이익으로 계상

2. **대표사원 / 대표이사는 평가사**   ┌→ (90/100) 이상

   ┌ 전체 사원/이상의 70/100 넘는 범위 내 일정비율 이상 평가사로 해

   │ 평가사 아닌 사원 또는 이사는 전문성 갖춘 자로서 결격사유 안돼 / 미피피 안돼

   │ 소속평가사는 등록(갱신)거부사유 ✕

   └ /인가취소 후 1년 미경과 및 업무정지 중인 법인 사원 또는 이사였던 사람 ✕

3. **정관작성(변경) 인가(인가신청 받은 날 ~ 20일 이내 인가, 20일 범위에서 연장)**

   ┌ 목적/명칭/업무에 관한 사항

   │ 주사무소 분사무소 소재지

   │ 사원의 성명 주민등록번호 및 주소 ┐ 경미한 사항으로 변경 시 신고사항(14일 이내)

   └ 사원의 출제에 관한 사항   ┘

4. **사원 전원 동의 또는 주주총회의 의결 + 인가받아 합병가능**

5. **해산사유 / 해산 시 신고(14일 이내)**

   ┌ 정관으로 정한 해산사유 발생

   │ 사원총회 또는 주주총회의 결의

   │ 합병

   │ 인가취소

   │ 파산

   └ 법원의 명령 또는 판결

6. 법인 등 인가취소 등(협회는 국에게 요청가능)

- 인가취소 / 2년 이하 업무정지(사유발생일로부터 5년 지나면 할 수 없다.)

  업무정지 기간 중인 법인이 업무수행 시(인가취소 필수)

  합동사무소 법인 최소인원 3개월 미보충 시(인가취소 필수)

  법인 등이 업무정지 중인 소속에게 업무수행 시

  기준 / 준칙 / 보고서 작성발급 위반

  둘 이상 사무소 설치

  소속평가사 외의 사람에게 업무수행 시

  수수료 실비 미준수

  성실의무 / 비밀의무 / 명의대여 등의 금지규정 위반 시

  (다만 소속 및 사무직원이 금품수수 시 상당주의 감독 시는 제외)

  보험 또는 공제사업 미가입

  정관 거짓 작성 등 부정한 방법으로 인가받은 경우

- 지도감독 불성실 등

CHAPTER 03 협회

┌ 법인 / 민법 중 사단법인 준용
│ 법인 등과 소속평가사는 의무가입
└ 그 밖의 평가사는 가입가능

직업윤리 제정
회원은 회칙 / 직업윤리 준수해

CHAPTER 04

징계(징계의결 요구 시 60일 내 의결해 + 30일)

위원회 ┌ 징계위원회 심의 / 의결사항

　　　├ 법령 제정 / 개정 관련 및 국이 회의에 부치는 사항

　　　└ 시험 / 수수료 요율 및 실비 범위 / 징계에 관한 사항

징계위원회 의결에 따라 징계(위반사유 발생일 ~ 5년 이내)

자격취소 / 등록취소 / 업무정지(2년 이내) / 견책

＊ 징계사유

┌ 기준 / 준칙 / 보고서 작성발급 위반

├ 업무정지기간 중에 업무수행

├ 업무정지기간 중인 소속평가사에게 업무수행

├ 고의 / 중대한 과실로 잘못 심사한 경우

├ 미등록 / 미갱신등록 업무수행

├ 부정한 방법으로 등록 / 갱신등록 시

├ 제21조(사무소개설 등) 위반 시　　　　　　　　　　자격취소 가능

├ 수수료 실비 미준수　　　　　　　　　　　　　　　↑

└ 성실의무 / 비밀준수 / 부당행사(명의대여 등의 금지)

┌ 감정평가직무 관련 금고 이상의 형 확정(집행유예 포함)

└ 업무정지 1년 징계 2회 이상 받고 또 징계사유 있는 자로서 직무수행이 현저히 부적당한 경우

　　징계의 공고

지체 없이 구체적인 사유를 해당 감정평가사, 감정평가법인등 및 협회 통보

징계의 종류와 사유를 명확히 기재하여 서면으로 알려야 해

관보 또는 인터넷 홈페이지 등에 게시 또는 공고 해

* 통보일부터 14일 이내에 관보 공고 해(감정평가 정보체계에도 게시)

　1. 징계 받은 감정평가사의 성명, 생년월일, 소속된 감정평가법인등의 명칭 및 사무소 주소

　2. 징계의 종류

　3. 징계사유(징계사유와 관련된 사실관계의 개요를 포함한다.)

　4. 징계의 효력발생일(징계의 종류가 업무정지인 경우에는 업무정지 시작일 및 종료일)

** 협회 인터넷홈페이지에 3개월 이상 게재하는 방법으로 공개 해

*** 정보체계 및 인터넷홈페이지 게시기간

　1. 감정평가사 징계처분인 자격의 취소 및 등록의 취소의 경우 : 3년

　2. 감정평가사 징계처분인 업무정지의 경우 : 업무정지 기간(3개월 미만인 경우에는 3개월)

　3. 감정평가사 징계처분인 견책의 경우 : 3개월

**** 협회는 감정평가를 의뢰하려는 자가 해당 감정평가사에 대한 징계사실을 확인하기 위하여 징계 정보의 열람을 신청하는 경우에는 그 정보를 제공하여야 한다.

　→ 신청을 받은 경우 10일 이내에 신청인이 징계 정보를 열람할 수 있게 해야 한다.

　→ 협회는 징계 정보를 열람하게 한 경우에는 지체 없이 해당 감정평가사에게 그 사실을 알려야 한다.

***** 제공 대상 정보는 관보에 공고하는 사항으로서 신청일부터 역산하여 다음 구분에 따른 기간까지 공고된 정보로 한다.

　1. 감정평가사 징계처분인 자격의 취소 및 등록의 취소의 경우: 10년

　2. 감정평가사 징계처분인 업무정지의 경우: 5년

　3. 감정평가사 징계처분인 견책의 경우: 1년

　→ 협회는 열람을 신청한 자에게 열람에 드는 비용을 부담하게 할 수 있다.

　→ 징계 정보의 열람에 필요한 세부사항은 국토교통부장관이 정하여 고시한다.

CHAPTER 05 과징금

┌ 업무정지사유 + 공익지장 시 5억(법인) / 5천(평가사)
└ 위반 내용 / 정도/ 기간 / 횟수 / 이익규모 고려

┌ 합병 후 존속 / 신설법인에 부과 / 징수 가능
│ 1/2 범위 내 가감가능(최고한도 이상 가중 ✕)
│ 60일 이내 납부(납부연장(1년 초과 ✕) / 분할납부 가능(3회 이내)
└ 통보일 ~ 30일 이내 국에게 이의신청, 후 행정심판 가능
  (국은 30일 이내 결정, 30일 범위에서 연장가능)

┌ 가산금(납부기한 다음날 ~ 납부한 날의 전날)
│ 과징금액의 6% / 60개월 초과 ✕
└ 미납 시 체납처분의 예에 따라 징수 가능

보칙

청문 ┬ 자격취소(부당한 방법)
    └ 인가취소
지도감독
공무원의제

업무위탁
부동산원 ┬ 정보체계 구축 운영
       │ 타당성조사
       └ 표본조사
협회   감정서 보존(해산·폐업 시)
       등록 / 갱신등록 신청
       소속 / 사무직원신고
       보증보험 가입 통보 접수
인력공단 ── 시험

CHAPTER 07 벌칙

- 벌칙
- 몰수추징
- 양벌규정
- 과태료

3년 3천

1. 부정한 방법 자격 취득
2. 감정평가법인등이 아닌 자가 평가업 한 경우
3. 부정방법으로 등록(갱신)
4. 등록(갱신)거부자 / 자격, 등록 취소자가 업무수행 시
5. 성실의무 위반 고의로 업무 잘못 / 특정가액 유도 또는 요구에 따른 자
6. 업무 관련 대가 / 금품수수 및 제공하거나 약속한 자 ─┐
7. 특정가액평가 유도 또는 요구자   │ → 금품·이익
8. 부정한 방법으로 인가받은 자   │   몰수 / 추징

1년 1천

1. 둘 이상의 사무소 설치
2. 소속평가사 외의 자에게 업무하게 한 자
3. 매매업금지, 둘 이상 소속, 비밀엄수 위반
4. 자격증·등록증 또는 인가증 양도 또는 대여(받은 자 포함) ─┘
5. 명의대여 알선

양벌규정

행위자를 벌하는 외에 그 법인 또는 개인에게도 해당 조문의 벌금형을 부과

과태료(국토교통부장관이 부과 / 징수)

500만원 이하 과태료

결격자 사무직원 고용

300만원 이하 과태료

- 서류보존의무 위반
- 명칭사용 위반

400만원 이하 과태료

- 보험 또는 공제사업 가입 등 필요조치
  안 한 사람
- 지도감독 의무 위반자

150만원 이하 과태료

- 정보체계 미등록자
- 자격증 / 등록증 미반납자
- 확정된 손해배상액 미보고자

공간정보의 구축 및
관리 등에 관한 법률

CHAPTER 01 공간정보의 구축 및 관리 등에 관한 법률

Ⅰ. 토지 → 등록

* 토지이용확인원은 공간정보법 ×
"표시가 아니라 행위제한" !!

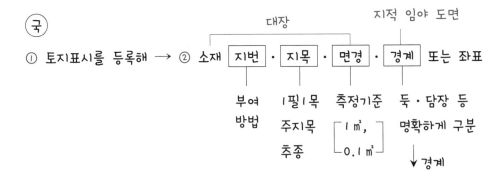

㉽
① 토지표시를 등록해 → ② 소재 지번 · 지목 · 면적 · 경계 또는 좌표

대장

지적 임야 도면

부여   1필1목   측정기준   둑·담장 등
방법   주지목   ⌈1㎡,⌉   명확하게 구분
         추종   ⌊0.1㎡⌋   ↓ 경계

→ ③ 토지이동 시 → ④ 소유자신청 ─ ⑤ 소관청직권 조사·측량하여 결정가능
        └ 신청 없으면 ↗

─ 토지이동현황 조사계획
  시·군·구별로 수립
  부득이한 경우 읍·면·동 별로 수립

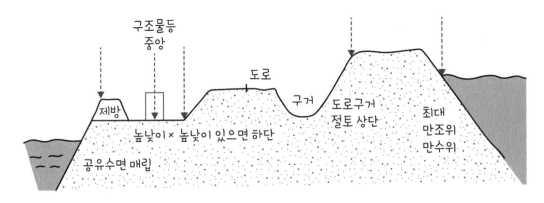

* 소유권 다르면 소유권에 따라 구분 !!

경계는 둑·담장이나 구획의 목표가 될 만한 구조물 및 경계점 표지로 구분한다.

* 경계 새로 정한 경우 경계점등록부 작성해

 ① 토지소재

 ② 지번

 ③ 경계점 좌표(경제점좌표등록부 시행지역에 한한다.)

 ④ 경계점 위치설명도

 ⑤ 공부상 / 실제이용 지목

 ⑥ 경계점 사진파일

 ⑦ 경계점 표지의 종류 및 경계점 위치

Ⅱ. 지목   용도에 따른 토지종류

- 필지마다 하나
- 주용도 지목(1필지 2용도 이상 시)
- 일시적 · 임시적 용도 사용 시는 지목변경 ✕

* 소유자 · 용도 같고 / 연속된 토지는 1필지로 한다(아래 경우도 1필지).

 ① 주된 용도 편의를 위해 설치된 도로 · 구거 등의 부지

 ② 주된 용도 토지에 접속되거나 둘러싸인 토지로서 다른 용도로 사용되고 있는 토지

  단, 종된 토지 지목 '대' / 330㎡ 초과 / 주된 토지면적 10% 초과 시는 1필지 ✕

Ⅲ. 지번부여

→ □□□북서기번법 → 시도대장 승인 시 지번 새로 부여가능(전부/일부) →

임야는 앞에 "산"

   ① 지번부여

   ② 공부 반출 + 천재 · 지변

   ③ 축척변경(소유자 2/3 이상 동의/축척변경위원회심의)

l. 신규등록 · 등록전환

└, 소관청이 소유자 사항 직접조사 등록

① 인접토지본번에 <u>부번</u> 부여

② 최종본번에 <u>다음본번</u> 부여

    ⅰ) 최종지번 인접토지

    ⅱ) 부번부여가 불합리한 경우

    ⅲ) 대상토지 여러 필지

* 등록전환 관련

임야대장 면적과 등록전환될 면적차이가

허용범위 ┌ 내 → 전환될 면적으로 결정

         └ 초과 → 임야대장의 면적 ┐

                임야도의 경계 ┘ ─ 소관청이 직권 정정해

2. 분할

분할 전 지번에 부번부여

  ⅰ) (건물)지번 <u>분할 전 지번</u> (우선) 부여

  ⅱ) 나머지 필지는 본번의 최종부번 다음 순번으로 부번을 부여한다.

3. 합병

선순위 (본번)

건물지번 (신청)가능

4. 지적확정 측량

측량지역 내

  ⅰ) 본번부여(아래본번 사용금지)

    (경계 걸치는 본번, 측량지역 밖 동일지번)

　　ⅱ) 신규부여지번이 많으면

　　　　가. 불력지번

　　　　나. 최종본번 이후 본번 부여

아래 경우 지번부여 방법을 준용한다.

ⅰ) 지번부여지역 지번변경 시

ⅱ) 행정구역개편 새로 지번부여

ⅲ) 축척변경 시행지역

5. 도시개발사업등이 준공되기 전에 사업시행자가 지번부여 신청을 하면 지적소관청은 사업계획
　 도에 따라 지적확정측량 지역에서의 지번부여 방법에 따라 부여한다.

Ⅳ. 면적

(단위) 제곱미터　　　　* 수평면상 넓이

축척　　　　　　　　　소수 한 자리　　　끝자리가
1/500, 1/600 지역 : 0.1㎡ 최소면적 / 0.05인 경우 0, 짝수이면 버리고　 0.05 ⎡ 6 ↑ 올림
　⌎ 경계점좌표　　　　　　　　　　　　　홀수이면 올린다.　　　　　　 ⎣ 4 ↓ 버림
　　등록부를
　　두는 지역

　　　　　　　　　자연수　　　　끝자리가
　그 외 지역 : 1㎡ 최소면적 / 0.5인 경우 0, 짝수이면 버리고　 0.5 ⎡ 6 ↑ 올림
　　　　　　　　　　　　　　　홀수이면 올린다.　　　　　　　 ⎣ 4 ↓ 버림

* 참고

1/500, 1/600　　　　도시개발사업지역

1/1000　　　　　　　농지개량 사업지역

$\dfrac{1}{1200, 2400, 3000, 6000}$ 시가 및 농촌지역

1/3000, 1/6000　산간지역

V. 지적측량의 실시

① 지적기준점 정하는 경우

② 지적측량성과를 검사하는 경우

③ 측량할 필요가 있는 경우 ——————

④ 경계점을 지상에 복원하는 경우

⑤ 지상건축물을 현황을 지적도/임야도에
　표시된 경계와 대비하여 표시하는데
　필요한 경우

ⅰ) 지적공부 복구하는 경우

ⅱ) 신규등록

ⅲ) 등록전환

ⅳ) 분할

ⅴ) 바다 된 토지 등록말소

ⅵ) 축척변경

ⅶ) 지적공부 등록사항을 정정하는 경우

ⅷ) 도시개발사업 등의 시행지역에서 토
　　지이동 있는 경우

ⅸ) 지적재조사 사업에 따른 토지이동 있
　　는 경우

VI. 지적공부

→ 특별자치시 · 시장 · 군수 · 구청장 · 읍 ·
면 · 동장에게 열람/발급 신청가능
(지적도, 임야도 제외)

① 소관청은 청사에 지적서고 영구보존(정보처리시스템 기록 · 저장 시 제외)

→ 이 경우
시 · 도 · 시 · 군 · 구청장은 지적공부를
지적정보관리체계에 영구히 보존해야 한다.

(★천재지변 · 재난 · 시도대장
승인 시 반출가능)

② 국은 ┌ 멸실 · 훼손 대비하여 지적공부 복제하여 관리하는 정보관리체계 구축하여야 한다.
　　　 └ 지적정보 전담 관리기구를 설치 · 운영한다.

┌→ 정보처리시스템의 경우는 시·도·시·군·구청장

* 멸실 훼손 시 소관청은 복구(직권)
┌ 가장 부합한 자료로 토지표시 복구
└ 소유자는 판결 / 등기부 기초로 복구

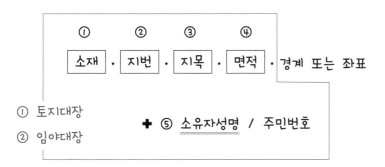

①　　　②　　　③　　　④
┌─────┬─────┬─────┬─────┐
│ 소재 │ 지번 │ 지목 │ 면적 │· 경계 또는 좌표
└─────┴─────┴─────┴─────┘

① 토지대장
② 임야대장
　　　　　　　　+ ⑤ 소유자성명 / 주민번호

③ 공유지연명부 ① + ② + ⑤
　　　　+ [공유지분비율]

④ 대지권등록부 ① + ② + ⑤
　　　　+ [대지지분]

소재·지번 ┌ + 지목 + 경계 = ⑤ 지적도 · ⑥ 임야도
　　　　　└ + 좌표　　　 = ⑦ 경계점좌표등록부
　　　　　　　　　　　　　(도시개발사업 등 새로이 등록하는 토지에 대해서
　　　　　　　　　　　　　갖추어야 한다.)

⑧　　　　　┌→ 지적소관청이 관리·운영
* 종합부동산공부 : 소관청·읍·면·동장이 열람/발급 신청
　토지표시 + 소유자
　건물표시 + 소유자
　토지이용규제사항
　부동산가격(공시가격)
　부동산의 권리에 관한 사항

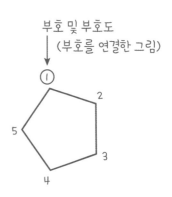

부호 및 부호도
↓ (부호를 연결한 그림)

VII. 지적공부의 정리 ▶ 지적공부 정리해

(이미 작성된 지적공부에 정리할 수 없는 경우에는 새로 작성해)

① 지번변경 시
② 지적소관청이 공부의 전부/일부 멸실 복구 시
  (정보처리시스템의 경우는 시도시군구청장)
③ 신규등록 · 등록전환 · 분할 · 합병 · 지목변경 등
  토지이동 있는 경우

→ 토지이동결의서 작성해
  * 소유자의 변동 등에 따라 지적
    공부 정리하는 경우에는 "소유
    자정리 결의서" 작성해

VIII. 지적전산자료 ▶ 정보처리시스템과 구분!!

* 지적전산자료를 신청하려는 자는 지적전산자료의 이용 또는 활용목적 등에 관하여 미리 <u>관계중</u>
  <u>앙행정기관의 심사</u>를 받아야 한다.

  중앙지적위원회 ✕
  시도시군구   ✕

① 지단장이 신청 시는 심사 ✕
  중앙행정기관장 및 그 소속 기관장 신청 시는 심사 ✕

    ✚

② 자기토지신청 시도 심사 ✕

    ✚

③ 상속인 신청 시 심사 ✕

    ✚

④ 개인정보 제외한 신청 시 심사 ✕

    i) 전국단위 전산자료 신청   → 국, 시 · 도, 지적소관청
    ii) 시도단위   → 시도, 지적소관청
    iii) 시 · 군 · 구(비자치구 포함) → 지적소관청

Ⅸ. 종합부동산공부 ⟶ 열람 / 증명서 발급

┌ 지적소관청
└ 읍·면·동 ┘ 신청

지적소관청은

① 부동산의 효율적 이용·관련된 정보의 종합적 관리·운영을 위해 종합부동산공부 관리·운영한다.

② 영구보존 + 복제관리(정보관리체계 구축)

③ 등록사항 관리 기관장은 소관청에 상시적으로 정보 제공해

(관련자료 요청가능 ⟶ 특별한 사유 없으면 자료제공해)

(불일치 등록사항은 관리기관장에게 통지하여 정정요청가능)

＊ 등록사항

① 토지의 표시와 소유자에 관한 사항 : 지적공부내용

② 건축물의 표시와 소유자에 관한 사항 : 건축물대장

③ 토지의 이용 및 규제에 관한 사항 : 토지이용계획확인서

④ 부동산의 가격에 관한 사항 : 개별공시지가 / 개별주택가격 / 공동주택가격

⑤ 부동산의 효율적 이용과 부동산과 관련된 정보의 종합적 관리·운영을 위하여 필요한
사항 ⟶ 부동산의 권리에 관한 사항(부동산 등기법 : 갑구·을구 기재사항) ★

＊ 소관청 공무원 "지적공부 ↔ 등기부" 부합확인 위해
등기발급 신청 시 수수료 무료

┌ 지적확정측량
⟶ 도시개발사업 등에 따라 새로이 등록하는 토지 └ 축척변경을 위한 측량

＊ 경계점좌표등록부를 두는 지역 의 지적도에는 해당 도면의 제명 끝에 "좌표"라고 표시하고
도곽선의 오른쪽 아래 끝에 "이 도면에 의하여 측량할 수 없음"이라고 적어야 한다.

X. 토지의 이동

등록 · 변경 · 말소 ── 토지이동 시 소유자

(법인 아닌 사단 · 재단은 대표자 / 관리인) 신청

── 신청 없으면 소관청이 직권으로 조사 · 측량하여 결정한다.

신규등록 ─ 60일

등록전환 ─ 60일

ⅰ) 산지전용허가 → 신고(일시 사용) / 건축허가 · 신고 / 개발행위허가 등

ⅱ) 대부분 등록전환되어 나머지 토지를 임야도에 존치하는 것이 불합리

ⅲ) 사실상 형질변경되었으나 지목변경을 할 수 없는 토지

ⅳ) 도시군관리계획선에 따라 분할하는 경우

지목변경 ─ 60일

ⅰ) 형질변경

ⅱ) 토지 · 건물 용도변경

ⅲ) 도시개발사업 등 원활한 사업 위해 준공 전 합병 신청하는 경우

바다말소 ─ 90일 내 말소 신청 통지

→ 직권말소 → 다시 토지된 경우 회복등록(지적측량성과 및 말소 당시 공부 등

자료에 따라서 회복) → 말소 · 회복 시 소유자 및 공유수면 관리청에 통보해

분할

① 1필지 일부가 형질변경 등으로 용도변경 시 → 60일 내 신청해(지목변경 신청서 함께

제출)

── ② 소유권 이전 · 매매 위해 필요시

── ③ 불합리한 경계시정 위한 경우

➕ 개발행위 허가 대상인 경우에는 허가 받고 분할 신청 가능해

* 분할에 따른 지상경계는 건축물 걸리게 결정 ✕

(예외)

① 확정판결

② 공익사업

③ 도시개발 사업 등 경계결정 위한 경우

④ 도시·군관리계획선에 따라 분할 시(도시군관리계획 결정 및 지형도면 고시된 지역)

합병

공동주택 부지, 도로, 제방, 하천, 구거, 유지, 학교용지, 철도용지, 수도용지, 공원, 체육용지로서 합병사유 발생 ~ 60일 내 신청

* 합병 불가한 경우

① 지번부여지역 / 지목 / 소유자 상이 시

② 다음 외의 등기가 있는 경우(아래 경우만 가능)

　ⅰ) 소유권·지상권·전세권·임차권

　ⅱ) 승역지에 대한 지역권의 등기(편익 제공지)

　ⅲ) 합병하려는 토지 전부에 대한 등기원인 / 그 연월일 / 접수번호 같은 저당권등기

　ⅳ) 합병하려는 토지 전부에 대한 등기사항이 동일한 신탁등기

③ 지적도·임야도의 축척이 서로 다른 경우

④ 각 필지가 서로 연접하지 않은 경우

⑤ 등기된 토지와 등기되지 않은 토지

⑥ 지목은 같으나 일부 용도가 다르게 되어 분할 대상인 토지(단 분할신청 동시 신청 시 가능)

⑦ 합병하려는 토지의 소유자별 공유지분이 다르거나 소유자의 주소가 서로 다른 경우(동일소유자 확인 시는 가능)

⑧ 구획정리, 경지정리, 축척변경 시행지역의 안과 밖 토지인 경우

XI. 등록사항의 정정

1. 신청가능 → 정정으로 인접토지 경계 변경 시는
① 인접토지 소유자 승낙서 또는
② 확정판결서 정본필요

2. 직권정정(지체 없이)
① 토지이동정리 결의서와 다르게 정리된 경우
② 지적도 / 임야도에 등록된 필지가 면적의 증감 없이 경계위치만 잘못된 경우
③ 지적공부의 작성 / 재작성 당시 잘못 정리된 경우
④ 지적측량성과와 다르게 정리된 경우
⑤ 지적공부사항이 잘못 입력된 경우
⑥ 등기관이 합필제한 토지의 등기신청을 각하하여 통지한 경우 (소관청착오로 잘못 합병한 경우만 해당한다.)
⑦ 지적측량적부심사에 따라 등록사항을 정정하는 경우
⑧ 면적환산이 잘못된 경우
⑨ 1필지가 각각 다른 지적도 / 임야도에 등록된 경우(공부면적 = 측량실제면적) 경계가 접합되지 않아서 지상의 경계에 맞추어 정정해야 하는 경우

* 정정사항이 소유자에 관한 경우에는 등기필증, 등기완료통지서, 등기사항증명서 또는 등기전산정보자료에 따라 정정해야 한다.
* 미등기토지에 대하여 소유자의 성명, 또는 명칭, 주민등록번호, 주소 등에 관한 사항의 정정을 신청한 경우로서 그 등록사항이 명백히 잘못된 경우에는 가족관계증명서에 따라 정정해야 한다.

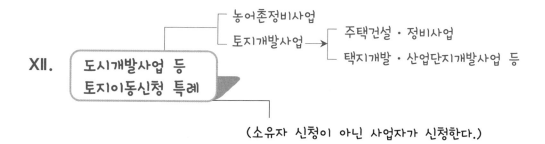

XII. 도시개발사업 등
토지이동신청 특례

농어촌정비사업
토지개발사업 → 주택건설·정비사업
택지개발·산업단지개발사업 등

(소유자 신청이 아닌 사업자가 신청한다.)

① 사업자는 착수·변경 / 완료 사실을 사유발생일 ~ 15일 내 지적소관청에 신고해(사업인가서
   ·지번별조서·사업계획도 첨부)

② 토지이동 필요시 지적소관청에 신고해

③ 토지이동은 형질변경 등의 공사가 준공된 때에 이루어진 것으로 본다.

④ 사업의 착수·변경 신고가 된 토지의 <u>소유자가</u> 해당 <u>토지의 이동을 원하는 경우</u>에는 해당사업의
   시행자에게 그 토지의 이동을 신청하도록 요청하여야 하며, <u>요청받은 시행자는</u> 사업에 지장이
   <u>없다고 판단</u>되면 <u>지적소관청에 신청</u>해야 한다.

✚ 토지의 이동신청은 그 신청대상지역이 환지를 수반하는 경우에는 사업완료 신고로써 이를 갈
   음할 수 있다(토지이동신청 갈음 뜻 기재).

✚ 주택법에 따른 주택건설사업 시행자가 파산 등의 이유로 토지이동 신청을 할 수 없을 때에는
   그 주택의 시공을 보증한 자 또는 입주예정자 등이 신청할 수 있다.

XIII. 축척변경 청산금

→ 청산금 납부 / 지급 완료 시 축척변경 <u>확정공고</u>해(소관청은 지체 없이 공부에 등록해)
   └ 확정공고일에 토지이동이 있는 것으로 본다.

① 면적 증감 시 청산해

   단 ┌ 증감면적이 허용범위 내인 경우(축척변경위원회 의결 시는 제외) ┐ 는 청산 ✕
      └ 소유자 전원이 청산 않기로 합의한 경우 ┘

② 절차

청산금 결정 시 ~ 15일 이상 공고해

공고일로부터 20일 내 청산금 납부고지 / 수령통지해

~ 고지일부터 6개월 납부 / 지급해

      ⌈ 소관청이 지급

      ⌊ 행방불명 / 거부 시 공탁

~ 납부고지일부터 1개월 내 이의신청가능

~ 이의신청 없이 미납 시 지방세 체납처분 예에 따라 징수 가능

* 이의신청 받은 소관청은 1개월 내에

축척변경위원회의 심의·의결을 거쳐 인용 여부 통지해

* 면적증가 청산금 <u>VS</u> 면적감소 청산금

⇩

차액은

지방자치단체의 수입·부담

(행정시 → 특별자치도

행정구 → 행정구 포함 시)

신청의 대위(소유자 신청 대위) ─ (등록사항 정정 대상토지는 제외한다.)

① 공공사업 : 사업시행자
② 국가취득 : 해당토지 관리하는 행정기관장
③ 지방자치단체취득 : 지방자치단체장
④ 공동주택부지 : 관리인 또는 해당사업시행자

(* 관리인 없을 시 공유자가 선임한 대표자)

⑤ 민법 제404조에 따른 채권자(채권자 대위권)

XIV. 토지소유자의 정리

① 지적공부에 등록된 토지소유자 변경 → 등기필증 ┐
　　　　　　　　　　　　　　　　　　등기완료통지서 ├─ 에 따라 정리
　　　　　　　　　　　　　　　　　　등기사항전부증명서 │　(단, 신규등록은 소관
　　　　　　　　　　　　　　　　　　등기전산정보자료 ┘　청이 직접 조사·등록)

② 총괄청 / 중앙관서의 장은 소유자 없는 부동산등록 시 지적공부에 소유자 없는 경우만 가능

③ 등기부상 토지표시가 지적공부와 일치하지 아니하면 토지소유자 정리 ✕

　　→ 등기관서에 통지해

④ 소관청은 필요시 등기부 열람하여 일치 여부 조사·확인해야 하며, 불일치 시 지적공부 직권
　　정리 또는 소유자·이해관계인에게 지적공부와 등기부가 일치하는데 필요한 신청하도록 요구
　　할 수 있다.

　　✳ 등기부 열람 / 등기사항증명서 발급
　　　등기전산정보자료 제공요청시 "무료"

XV. 축척변경

일정지역 │→ ✳ 소유자 2/3 이상 동의 → 축척변경위원회의결
(신청 or 직권) → 시도대장 승인

　　　　　　　　　　↓

　　　　✳ 의결·승인 없이 가능한 경우
　　　　　ⅰ) 합병대상 토지(각 토지 축척 다른 경우)
　　　　　ⅱ) 도시개발사업 등의 시행지역에 있는 토지
　　　　　　　로서 그 사업 시행에서 제외된 토지의 축
　　　　　　　척변경을 하는 경우

* 사유

 ┌ ① 잦은 토지이동으로 규모 작아서 소축척으로 활용 ✕

 ├ ② 지번부여지역 내 축척 다른 경우

 └ ③ 필요시

* 지적소관청은 축척변경으로 지번에 결번이 생긴 경우에는 지체 없이 그 사유를 결번대장에 적어 영구히 보존하여야 한다.

* 축척변경 시행공고일부터 30일 이내에 시행지역의 소유자/점유자는 점유하고 있는 경계에 경계점표지를 설치하여야 한다.

* 축척변경위원회

 ⅰ) 5~10명 위원(위원 중 소관청이 위원장 지명)

 ⅱ) 위원장 포함 재적위원 과반수 출석 – 출석위원 과반수 찬성

 ⅲ) 위원의 1/2 이상은 토지소유자이어야 함

   (축척변경 시행지역 내 소유자가 5명 이하일 때에만 모두 위원으로 위촉해)

 ⅳ) 위원은 소관청이 위촉(아래 中)

   ┌ 지역사정에 정통한 시행지역 내 소유자

   └ 지적에 관하여 전문지식을 가진 자

XVI. 등기촉탁

① 토지이동(신규등록 제외) ┐

② 지번의 부여

③ 바다 된 토지 말소신청

④ 축척변경

⑤ 등록사항 정정

⑥ 행정구역 명칭 변경 ┘

── 사유로 토지표시 변경등기 필요 시 지체 없이 관할 등기관서에 촉탁해(이 경우 등기촉탁은 국가가 국가를 위하여 하는 등기로 본다.)

XVII. 지적정리 등의 통지

① 토지표시의 이동시 직권조사·결정 시
② 지번부여
③ 지적공부의 복구
④ 바다 된 토지 말소등기(직권)
⑤ 등록사항 직권 정정
⑥ 행정구역 명칭변경으로 인한 지번부여
⑦ 도시개발사업 등 사업자의 토지이동 신청
⑧ 토지소유자의 신청대위 경우(공익사업,
　　채권자 대위, 국가·지단 토지획득,
　　공동주택부지(관리인 또는 사업시행자)
⑨ 등기촉탁사유 시

→ 지적소관청이
　　ⅰ) 지적공부에 등록하거나
　　ⅱ) 지적공부를 복구 또는 말소
　　ⅲ) 등기촉탁을 하는 경우 소유자에게
　　　 통지해 주소·거소 모르면 일간
　　　 신문 / 시군구 공보 / 홈페이지
　　　 공고

* 지적정리 등 통지시기
　 토지의 표시에 관한 변경등기가
　 ┌ 필요한 경우 : 등기완료 통지서 접수일부터 15일 이내
　 └ 필요치 않은 경우 : 지적공부에 등록한 날부터 7일 이내

XVIII. 타인토지출입 등 → 정당한 사유 없이 토지점유자는 방해/거부 ✕

측량·측량기준점설치·토지이동 조사자
(증표휴대)
→ 타인토지·건물·공유수면 등에 출입(허가)· 일시사용 가능
→ 흙·돌·나무·장애물 변경/제거 가능

　　　　　→ 소유자·점유자·관리인의 동의 필요
　　　　　　(미동의 시 행정청 아닌 자는 허가 필요)
　　　　　　－ 미리 소·점·관(소유자·점유자·
　　　　　　　관리인)의 의견 들어야 해

┌ 특도·특시·시장·군수·구청장 허가 필요(행정청은 허가 ×)
├ 출입 3일 전까지 소·점·관에게 일시와 장소를 통지해야 해
└ 일시사용·장애물 변경·제거 3일 전까지 <u>소·점·관 통지</u>
　(현장 ×, 주소·거소 분명 × → 특시·특도·시·군·구에게 통지)

✚ 해가 뜨기 전, 진 후 점유자 승낙 없이 택지나 담장 또는 울타리로 둘러싸인 타인토지에 출입 ×
✚ 손실발생 시 손실보상(보상할 자와 협의 → 재결신청)
✚ 기본측량 위해 필요시 토지, 건물, 나무, 공작물 수용·사용가능

XIX. 벌칙

① 1년 / 1천만 원
　－ 거짓으로 신청한 자
　ⅰ) 신규등록
　ⅱ) 등록전환
　ⅲ) 분할
　ⅳ) 합병
　ⅴ) 지목변경
　ⅵ) 바다로 된 토지의 등록말소
　ⅶ) 축척변경
　ⅷ) 등록사항의 정정
　ⅸ) 도시개발사업 등 시행지역의 토지이동

② 양벌규정
　법인의 대표자나 법인 또는 개인의 대리인, 사용인, 종업원이 그 법인 또는 개인의 업무에
　관하여 벌칙규정 위반 시 행위자 외에 그 법인·개인에게도 벌금형을 과한다.
　단, 위반행위 방지 위해 상당한 주의와 감독을 게을리하지 않은 경우에는 그러하지 아니한다.

┌─→ 국·시도대장·소관청이 부과 징수

③ 과태료 300만원 이하

  ⅰ) 측량방해

  ⅱ) 정당한 사유 없이 토지 등에의 출입 등을 방해 / 거부한 자

부록

지목 간편 정리

지목 : 앞 글자 한 자로 표기 / 단, 유원지·하천·주차장·공장용지는 두 번째 글자 사용
부 : 부속시설물의 부지를 포함한다.
주 : 주거용 건축물의 부지는 "대"로 한다.

I. 예외규정이 없는 경우

1. **전**(물 상시 이용 × / 식물재배(과수류 제외), 식용죽순, 약초, 뽕나무, 닥나무, 묘목, 관상수, 식용죽순)

2. **답**(물 상시 이용 ○ / 벼·연·미나리·왕골 식물재배 / 연 왕골 자생 시는 유지)

3. **과수원**(과수류 + "부" + "주")

4. **목장용지**(초지 + "부" + "주")

5. **임야**(산림 및 원야 / 수림지, 죽림지, 암석지, 자갈땅, 모래땅, 습지, 황무지 등)

8. **대**(영구적 건축물 / 주거 사무실 점포 박물관 극장 미술관 등 문화시설 + 정원 및 "부" + 택지 조성공사 준공토지)

9. **공장용지**(제조업 공장시설 부지 + 공장 조성공사 준공토지 + 의료시설 등 부속시설)

10. **학교용지**(학교의 교사와 체육장 등 + "부")

13. **창고용지**(독립적으로 설치된 저장 위한 보관시설물 부지 + "부")

15. **철도용지**(교통 운수 위한 일정한 궤도, 설비를 갖춘 토지 + 접속된 역사·차고·발전시설 및 공작창 등 부속시설물)

16. **제방**(조수·자연유수·모래·바람 등 막기 위한 방조제·방수제·방사제·방파제 등)

17. **하천**(자연의 유수가 있거나 있을 것으로 예상되는 토지(수로부지는 구거)

18. **구거**(용수 또는 배수 위한 인공적인 수로·둑 + "부" + 자연의 유수가 있거나 있을 것으로 예상되는 소규모 수로부지)

19. **유지**[물이 고이거나 상시적으로 물을 저장하고 있는 댐·저수지·소류지·호수·연못 등의 토지 + 연·왕골 등이 자생하는 배수가 잘되지 아니하는 토지(연 왕골 재배는 답)]

20. **양어장**(육상에 인공으로 조성된 수산생물의 번식 또는 양식을 위한 시설부지 + "부")

21. **수도용지**(물을 정수하여 공급하기 위한 취수·저수·도수(導水)·정수·송수 및 배수 시설의 부지 + "부")

22. **공원**(공중의 보건·휴양 및 정서생활 / 국계법상 공원 및 녹지로 결정·고시된 토지)

25. **종교용지**(공중의 종교의식 위한 예배·법요·설교·제사 등을 하기 위한 교회·사찰·향교 등 건축물의 부지 + "부")

> 1. 전(물 상시 이용 식물재배(식용죽순 포함, 과수류 제외))
> 2. 답(물 상시 이용 식물재배 / 연 왕골 자생시는 유지)
> 3. 과수원(과수류 + "부" + "주")
> 4. 목장용지(초지 + "부" + "주")
> 5. 임야(산림 및 원야)
> 8. 대(영구적 건축물이 있는 토지 + 택지조성공사 준공토지)
> 9. 공장용지(제조업 공장시설 부지 + 공장 조성공사 준공토지 + 의료시설 등 부속시설)
> 10. 학교용지(학교의 교사와 체육장 등 + "부")
> 13. 창고용지(독립적으로 설치된 저장 위한 보관시설물 부지 + "부")
> 15. 철도용지(교통 운수 위한 일정한 궤도, 설비를 갖춘 토지 + "부")
> 16. 제방(조수·자연유수·모래·바람 등 막기 위한 방조제·방수제·방사제·방파제 등)
> 17. 하천(자연의 유수가 있거나 있을 것으로 예상되는 토지(수로부지는 구거))
> 18. 구거(용수 또는 배수 위한 인공적인 수로·둑 + "부" + 자연의 유수가 있거나 있을 것으로 예상되는 소규모 수로부지)

19. 유지(물이 고이거나 상시적으로 물을 저장하고 있는 토지 + 연·왕골 등이 자생하는 배수가 잘 되지 아니하는 토지(연 왕골 재배는 답))
20. 양어장(육상에 인공으로 조성된 수산생물의 번식 또는 양식을 위한 시설부지 + "부")
21. 수도용지(물을 정수하여 공급하기 위한 부지 + "부")
22. 공원(공중의 보건·휴양 및 정서생활 / 국계법상 공원 및 녹지로 결정·고시된 토지)
25. 종교용지(공중의 종교의식 위한 위한 교회·사찰·향교 등 건축물의 부지 + "부")

II. 예외규정이 있는 경우

6. **광천지**(온수 약수 석유류의 용출구와 그 유지 / 단, 송수관, 송유관, 저장시설 부지 제외)

7. **염전**(바닷물 소금채취(천일제염) + 접속된 제염장 / 단, 천일제염 방식으로 하지 아니하고 동력 제조 공장시설물 부지는 제외)

11. **주차장**(자동차 주차에 필요한 시설부지 + 주차전용 건축물 + "부" / 단 노상주차장 및 부설주차장(주차장법에 따라 시설물의 부지 인근에 설치된 부설주차장은 제외), 자동차 판매 목적의 물류장 및 야외전시장은 제외)

12. **주유소용지**(석유·석유제품, 액화석유가스, 전기 또는 수소 등의 판매 부지 + 저유소 및 원유 저장소 부지 + "부" / 단, 자동차·선박·기차 등의 제작 또는 정비공장 안에 설치된 급유·송유시설 등의 부지는 제외)

14. **도로**(일반공중의 교통 운수를 위한 보행이나 차량운행에 필요한 일정한 설비 또는 형태를 갖추어 이용되는 토지 + 도로법 등 도로로 개설된 토지 + 고속도로의 휴게소 부지 + 2필지 이상에 진입하는 통로로 이용되는 토지 / 단, 아파트·공장 등 단일 용도의 일정한 단지 안에 설치된 통로 등은 제외))

23. **체육용지**(건강증진 위한 체육활동에 적한한 시설과 형태를 갖춘 종합운동장·실내체육관·야구장·골프장·스키장·승마장·경륜장 등 체육시설의 토지 + "부" / 단, 체육시설로서의 영속성과 독립성이 미흡한 정구장·골프연습장·실내수영장 및 체육도장과 유수(流水)를 이용한 요트장 및 카누장 등의 토지는 제외)

24. **유원지**(일반 공중의 위락·휴양 등에 적합한 시설물을 종합적으로 갖춘 수영장·유선장(遊船場)·낚시터·어린이놀이터·동물원·식물원·민속촌·경마장·야영장 등의 토지와 이에

접속된 부속시설물의 부지. 단, 이들 시설과의 거리 등으로 보아 독립적인 것으로 인정되는 숙식시설 및 유기장(遊技場)의 부지와 하천·구거 또는 유지[공유인 것으로 한정]로 분류되는 것은 제외)

26. **사적지**(문화재 지정된 역사적인 유적·고적·기념물 보존 위한 토지 / 단, 학교용지·공원·종교용지 등 다른 지목으로 된 토지에 있는 유적·고적·기념물 등을 보호하기 위하여 구획된 토지는 제외)

27. **묘지**(사람의 시체나 유골 매장 토지, 「도시공원 및 녹지 등에 관한 법률」에 따른 묘지공원으로 결정·고시된 토지 및 「장사 등에 관한 법률」에 따른 봉안시설 + "부" / 단, 묘지의 관리를 위한 건축물의 부지는 "대"로 한다)

28. **잡종지**(원상회복 조건으로 돌을 캐내거나 흙을 파내는 곳으로 허가된 토지는 제외)
    가. 갈대밭, 실외에 물건을 쌓아두는 곳, 돌을 캐내는 곳, 흙을 파내는 곳, 야외시장 및 공동우물
    나. 변전소, 송신소, 수신소 및 송유시설 등의 부지
    다. 여객자동차터미널, 자동차운전학원 및 폐차장 등 자동차와 관련된 독립적인 시설물을 갖춘 부지
    라. 공항시설 및 항만시설 부지
    마. 도축장, 쓰레기처리장 및 오물처리장 등의 부지
    바. 그 밖에 다른 지목에 속하지 않는 토지

물과 관련된 지목 비교

하천(자연의 유수가 있거나 있을 것으로 예상되는 토지(수로부지는 구거)

구거(용수 또는 배수 위한 인공적인 수로·둑 + "부" + 자연의 유수가 있거나 있을 것으로 예상되는 소규모 수로부지)

유지[물이 고이거나 상시적으로 물을 저장하고 있는 토지 + 연·왕골 등이 자생하는 배수가 잘되지 아니하는 토지(연 왕골 재배는 답)]

양어장(육상에 인공으로 조성된 수산생물의 번식 또는 양식을 위한 시설부지 + "부")

수도용지(물을 정수하여 공급하기 위한 부지 + "부")

건물이 있는 경우 비교 구분 ▶

대(영구적 건축물 / 주거 사무실 점포 박물관 극장 미술관 등 문화시설 + 정원 및 "부" + 택지조성 공사 준공토지)

묘지(사람의 시체나 유골 매장 토지, 「도시공원 및 녹지 등에 관한 법률」에 따른 묘지공원으로 결정·고시된 토지 및 「장사 등에 관한 법률」에 따른 봉안시설 + "부" / (단, 묘지의 관리를 위한 건축물의 부지는 "대"로 한다)

종교용지(공중의 종교의식 위한 예배·법요·설교·제사 등을 하기 위한 교회·사찰·향교 등 건축물의 부지 + "부")

공장용지(제조업 공장시설 부지 + 공장 조성공사 준공토지 + 의료시설 등 부속시설)

학교용지(학교의 교사와 체육장 등 + "부")

창고용지(독립적으로 설치된 저장 위한 보관시설물 부지 + "부")

과수원(과수류 + "부" + "주")

목장용지(초지 + "부" + "주")

도로(일반공중의 교통 운수를 위한 보행이나 차량운행에 필요한 일정한 설비 또는 형태를 갖추어 이용되는 토지 + 도로법 등 도로로 개설된 토지 + 고속도로의 휴게소 부지)

* 부 : 부속시설물의 부지를 포함한다.
* 주 : 주거용 건축물의 부지는 "대"로 한다.

지적공부 등록사항 간편정리

1. 토지(임야)대장 등록사항

① 토지의 소재[+ 토지의 고유번호(행정구역코드번호 + 대장구분 + 지번)] + 지번

② 소유자 성명·명칭, 주소 및 주민번호(등록번호) + 소유자 변경된 날과 원인

③ 도면번호(지적도·임야도), 대장번호(토지·임야) 및 축척

④ 지목 면적 + 이동사유

⑤ 토지등급(기준수확량등급)과 그 설정·수정 연월일

⑥ 개별공시지가(+ 기준일)

2. 소유자 둘 이상이면 공유지연명부 작성해

① 토지의 소재[+ 토지의 고유번호(행정구역코드번호 + 대장구분 + 지번)] + 지번

② 소유자 성명·명칭, 주소 및 주민번호(등록번호) + 소유자 변경된 날과 원인

③ 필지별 공유지연명부의 장번호

④ 소유권지분

3. 구분건물인 경우 대지권등록부 작성해

① 토지의 소재[+ 토지의 고유번호(행정구역코드번호 + 대장구분 + 지번)] + 지번

② 소유자 성명·명칭, 주소 및 주민번호(등록번호) + 소유자 변경된 날과 원인

③ 집합건물별 대지권등록부의 장번호

④ 건물의 명칭 + 전유부분의 건물표시(동 호수)

⑤ 대지권 비율 + 소유권 지분

4. 지적도 및 임야도

① 지적도 : 1/500, 1/600, 1/1000, 1/1200, 1/2400, 1/3000, 1/6000

② 임야도 : 1/3000, 1/6000

등록사항 : 토지의 소재 / 지번 / 지목 / 경계

추가등록사항 :

1. 지적도면의 색인도(인접도면의 연결 순서를 표시하기 위하여 기재한 도표와 번호를 말한다)
2. 지적도면의 제명 및 축척
3. 도곽선(圖廓線)과 그 수치

4. 좌표에 의하여 계산된 경계점 간의 거리(경계점좌표등록부를 갖춰 두는 지역으로 한정)
5. 삼각점 및 지적기준점의 위치
6. 건축물 및 구조물 등의 위치

* 경계점좌표등록부를 두는 지역의 지적도에는 해당 도면의 제명 끝에 "(좌표)"라고 표시하고, 도곽선의 오른쪽 아래 끝에 "이 도면에 의하여 측량을 할 수 없음"이라고 적어야 함

5. 경계점좌표등록부
: 도시개발사업 등에 따라 새로이 지적공부에 등록하는 토지에 대하여 작성
→ 경계점좌표등록부를 갖춰 두는 토지는 지적확정측량 또는 축척변경을 위한 측량을 실시하여 경계점을 좌표로 등록한 지역의 토지로 한다.

등록사항 : 토지의 소재 지번 + 좌표
추가등록사항 :

1. 토지의 고유번호(행정구역코드번호 + 대장구분 + 지번)
2. 지적도면의 번호
3. 필지별 경계점좌표등록부의 장 번호
4. 부호 및 부호도

6. 지상경계점등록부[토지이동에 따라 지상경계를 새로 정한 경우 소관청이 작성·관리]
① 토지의 소재
② 지번
③ 경계점 좌표(경계점좌표등록부 시행지역에 한정한다)
④ 경계점 위치 설명서

1. 공부상 지목과 실제 토지이용 지목
2. 경계점의 사진 파일
3. 경계점표지의 종류 및 경계점 위치

국유재산법

CHAPTER 01 기본개념

1. 총괄청(기획재정부)   ✚ 증권은 한국은행, 은행, 한국예탁결제원에
                        보관·관리 → 손해 시 배상책임

2. 중앙관서의 장 등(위임·위탁)   ┌ 사권설정 재산 획득 ×
                              (판결가능)
                              └ 60일 내 등기·등록 등 조치

3. 관리 : 취득·운용·유지·보존   ["국"(관리청)]

4. 처분 : 매각· 교환 ·양여·신탁·현물출자
           └→ ✚ 직원은 "총·중" 허가 없이 취득·교환(자기재산과) 시 "무효"

5. 변상금 : 무단 사용·점유

6. 가산금 : 관리 소홀   (총괄청 및 중앙관서의 장)

* 총·중은 소유자 없는 부동산 취득

   6개월 이상 기간동안(6개월) 이의 없으면 취득한다는 뜻 공고

               → 지적소관청에 등록신청

   10년 내 처분 금지 → 공익사업 / 불가피한 경우 예외

                       14일 이상 관보·일간신문·조달청 홈페이지 게시

Ⅰ. 국유재산

영구시설물 축조 ✕
단, 기부, 공공시설, 학교 필요 시 가능
✚ 이행보증금 예치

부동산 · 선박 · 항공기 + 종물
기계기구 · 궤도차량(포괄용도 폐지된 기업 · 시설재산)
지역권 · 지상권 · 광업권 등
증권
특허권 · 실용신안권 · 디자인권 · 상표권
저작권 · 저작인접권
품종보호권

⟶ 시효취득 ✕, 사권설정 ✕
1. 행정재산 ┌ 사용
          └ 5년 내 사용

① 공용재산
   사무 · 사업 · 주거용
② 공공용
③ 기업용
   정부기업 사무 · 사업 · 주거용
④ 보존
   법령 / 필요에 의한 보존

2. 일반재산 | 용도폐지
          사권설정가능
          (법률 / 판결 / 필요인정 시)

Ⅱ. **총괄청 기획재정부**

중앙관서의 장 = 중앙행정기관의 장

중앙관서의 장등 = 중장 + 일반재산 관리/처분 위임 위탁받은 자

Ⅲ. **중앙관서의 장**

국가재정법 제6조 독립기관 및 중앙관서

독립기관 : 국(회)·대법원·헌법재판소 및 중앙선거관리위원(회)

　　　　 국회사무(총)장, 법원행정처장

　　　　 헌법재판소 사무처장, 중앙선거관리위원회사무(총)장을 중앙관서의 장으로 본다.

```
┌─ 일반회계 : 국방부, 일반세금
├─ 특별회계 : 미국기지이전특별회계
└─ 기 금   : 군인(복지기금) / 연금기금
```

관리전환

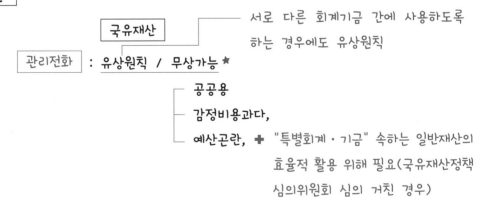

```
                    ┌─ 서로 다른 회계기금 간에 사용하도록
              국유재산 ┤   하는 경우에도 유상원칙
관리전환 : 유상원칙 / 무상가능 ★
            ┌─ 공공용
            ├─ 감정비용과다,
            └─ 예산곤란, ✚ "특별회계·기금" 속하는 일반재산의
                           효율적 활용 위해 필요(국유재산정책
                           심의위원회 심의 거친 경우)
```

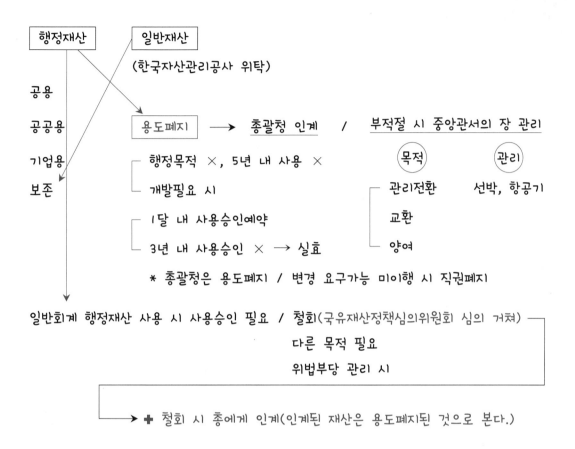

행정재산   일반재산

(한국자산관리공사 위탁)

공용
공공용   용도폐지 ──→ 총괄청 인계 / 부적절 시 중앙관서의 장 관리
기업용   ┌ 행정목적 ×, 5년 내 사용 ×   (목적)   (관리)
보존   └ 개발필요 시   ┌ 관리전환   선박, 항공기
          ┌ 1달 내 사용승인예약   │ 교환
          └ 3년 내 사용승인 × ──→ 실효   └ 양여

          * 총괄청은 용도폐지 / 변경 요구가능 미이행 시 직권폐지

일반회계 행정재산 사용 시 사용승인 필요 / 철회(국유재산정책심의위원회 심의 거쳐) ─┐
                다른 목적 필요   │
                위법부당 관리 시   │
  ┌──┘
  └─→ ✚ 철회 시 총에게 인계(인계된 재산은 용도폐지된 것으로 본다.)

관리전환

일반회계 ↔ 특별회계 및 기금 = 총 ↔ 중 협의   ┐ 협의 불성립 시 총괄청이
특별회계 및 기금 ↔ 특별회계 및 기금 = 중 ↔ 중 협의 ┘ 결정

* 중앙관서의 장은 국유재산의 관리·처분 관련 법령개정 시 총괄청/감사원과 협의해야 함

CHAPTER 02 관리 및 처분

Ⅰ. 종괄청

중장(중앙관서의 장)위임
(공용재산부동산 취득 ✕)

┌ 종합계획
│ 04월 30일, 총 지침수립
│ 06월 30일, 중 계획작성
│ 120일 전(회계년도 개시), 국무회의심의, 대통령 승인 후 국회 제출
└ 01월 31일, (반기별) 집행 계획

〈+ 유휴재산보고〉

Ⅱ. 관리

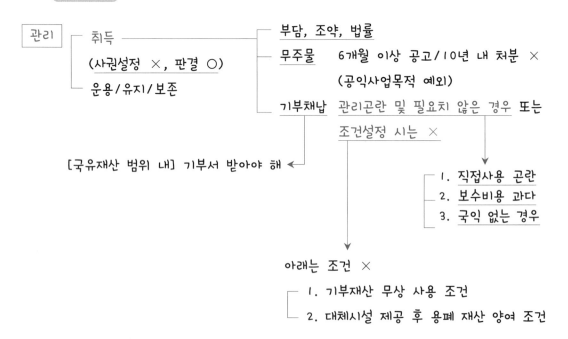

관리 ┬ 취득 ─────────┬ 부담, 조약, 법률
     │ (사권설정 ✕, 판결 ○) ├ 무주물   6개월 이상 공고 / 10년 내 처분 ✕
     └ 운용 / 유지 / 보존   │   (공익사업목적 예외)
                          └ 기부채납 관리곤란 및 필요치 않은 경우 또는
                                    조건설정 시는 ✕

[국유재산 범위 내] 기부서 받아야 해 ◄─

┌ 1. 직접사용 곤란
├ 2. 보수비용 과다
└ 3. 국익 없는 경우

아래는 조건 ✕
┌ 1. 기부재산 무상 사용 조건
└ 2. 대체시설 제공 후 용폐 재산 양여 조건

Ⅲ. 처분

처분 : 〈소유권〉 이전 개념
- 매각
- 교환
- 양여
- 신탁
- 현물출자

등기 / 등록 등

총괄청·중장은 취득 시 지체 없이(60일 내) 등기 등록 명의개서 등 조치

권리자의 명의는 '국'으로 하되 소관중앙관서의 명칭 함께 적어

증권은 한국예탁결제원 명의 가능

　　　증권은 한국은행/은행/한국예탁결제원에 보관/취급
　　　→ 보관/취급관련 손해발생 시 손배책임진다.

1. 사권설정된 재산은 취득 못 함 → 판결에 따르는 경우는 가능
   - 국유재산에는 사권설정 못 함　　　　　★
   - 일반재산은 가능
       1. 법률 또는 확정판결(화해 포함)
       2. 중장 필요인정 시(가치 증대)

2. ★ 영구시설물의 축조 금지 ― 기부·공공시설·사회기반시설·공동개발·학교 가능
   국가 외의 자는 국유재산에 건물, 교량 등 구조물과 그 밖의 영구시설물을 축조하지 못한다.
   예외 → 영구시설물의 철거 등 원상회복에 필요한 이행보증금 착공 전까지 예치

   (1) 기부 조건으로 축조
       총괄청·중장은 기부조건으로 건물/영구시설물 축조 시 사용허가 전에 기부계약/이행
       각서 받아야 함

   (2) 국가에 소유권이 귀속되는 공공시설 축조

(2의2) 매각대금을 나누어 내고 있는 일반재산

(3) 지단/지방공기업이 사회기반시설(주민생활을 위한 문화시설, 생활체육시설 등)

　　중장협의 + 총 승인 받아 축조하는 경우

(4) 일반재산을 민간사업자와 공동으로 개발하는 경우

(5) 교육부장관의 승인을 받아 학교시설(초, 중, 고, 특수)을 증축 또는 개축하는 경우

(6) 대부계약의 사용목적을 달성하기 위하여 중앙관서의 장 등이 필요하다고 인정 시

이행보증금 남은 금액은 반환하되, 현금으로 납부하여 이자가 발생한 경우는 이자를 함께
반환

원상회복 사유가 발생한 시점에 영구시설물 또는 일부 시설물이 국유재산의 활용가치를 높일
수 있다고 인정되는 경우에는 무상취득 가능

★ 3. 직원의 행위 제한 : 국유재산 사무 종사 직원은 그 처리하는 국유재산을 취득하거나 자기의
　　소유재산과 교환하지 못한다(총/중 허가 시 가능) 위반 시 무효

총괄청은 국유재산 관리 · 처분한다.

　　　　↓ 아래 재산 제외

중장은 　ⅰ) 특별회계 · 기금에 속하는 국유재산 ┐
　　　　ⅱ) 용도폐지 후 인계하지 않은 재산　├ 관리 · 처분
　　　　ⅲ) ⅰ), ⅱ) 외의 재산 사용 시 총괄청 승인 받아야 한다.

CHAPTER 03 행정재산

행정재산

처분 ×
—————————————————
┌ 교환 · 양여 가능
↓   └→ (지단에 양여)
(사유재산, 공유재산)

직접 공용 · 공공용에 사용

① 관리 : ⟨중⟩ 책임관 임명
    (직위 지정 갈음)

② 위임   ┌ 중공
 (직위 지정   ├ 타중공   ──→ 감사원 통보
  갈음)   └ 지단장 + 공무원

③위탁 : 국가 외 / 5년 내
    사용 · 전대가능

행정재산 목적 장애 없는 범위
┌─────────────────────────────────────
│ 사용허가
─┴──────────────────────────────────

  5년 × 1회(수의계약 제외)
        갱신(기간종료 1개월 전에 중장에게 신청)

  전대 ×   ⌜가능⌝
              ↓
  ① 기부자 / ② 지단 · 공기업 사회기반시설

─── 방법

┌ 일반경쟁 ─ 2회 유찰 시 3회부터 20/100 최저
                              10/100 감액가능

├ 제한 · 지명 ┬ 인접소유자
            └ 수의계약 신청 多

└ 수의계약 : 주거 · 경작 · 비밀 · 재해복구 등

★(영 제27조) 2번에 걸쳐 유효한 입찰 성립 ✕

취소 · 철회 ─── ✚ 청문 ✚ 원상회복   ✚ 관리소홀 : 가산금

부정방법 · 전대   사용료 범위 내
목적위반   허가 시 결정
보존해태   고지 ~ 60일 내 징수
사용료 미납
현상변경

＊ 공용 · 공공용 필요 시 → 손실보상

사용료율

① 경작/목축/어업/내수면어업/양식업 : 10/1000 이상
② 주거용 : 20/1000 이상(기초생활수급자는 10/1000)

③ 행정목적 수행

지방자치단체 행정목적 수행

지방자치단체·지방공기업이 사회기반시설로 사용

사회복지사업

종교단체가 그 고유사업 목적 ┐

사회적 기업

협동조합/사회적 협동조합 ── 사업목적 위해 사용 시

자활기업/마을기업

──── 25/1000 이상

④ ⅰ) 소상공인이 업종 위해 직접 사용 : 30/1000 이상

　　천재지변·재난·경기침체·대량실업 등 경영상 부담완화 위해 총괄청이 기간을 정하는

　　경우는 10/1000 이상

　ⅱ) 중소기업이 업종에 직접 사용하는 경우로서 천재지변·재난·경기침체·대량실업 등

　　경영상 부담완화 위해 총괄청이 기간을 정하는 경우는 30/1000 이상

⑤ 공무원 후생목적 : 40/1000 이상

사용료

┌ 매년징수 ✚ (천재지변 시 1년 범위 연기 가능)

└ (사용허가 ~ 60일 이내 원칙 사용전 전까지)

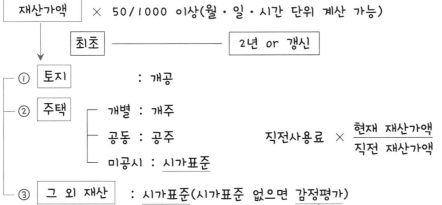

재산가액 × 50/1000 이상(월·일·시간 단위 계산 가능)

　　최초 ────────── 2년 or 갱신

① 토지　　　: 개공

② 주택 ┬ 개별 : 개주

　　　　├ 공동 : 공주　　　직전사용료 × $\dfrac{\text{현재 재산가액}}{\text{직전 재산가액}}$

　　　　└ 미공시 : 시가표준

③ 그 외 재산 : 시가표준(시가표준 없으면 감정평가)

20만원 이하 : 전기간 일납(조정 ×) ── ➤ 보고서 3년 사용 가능

50만원 초과 : 12회 내 분납가능

1000만원 이상 : 50% 내 보증금

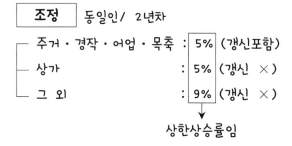

| 조정 | 동일인/ 2년차 |

- 주거·경작·어업·목축 : 5% (갱신포함)
- 상가 : 5% (갱신 ×)
- 그 외 : 9% (갱신 ×)

↓

상한상승률임

| 면제 / 감면 |

- 기부자(사용총액이 기부재산가액에 달할 때까지 면제가능)

    * 20년 한도(지식재산은 20년)

- 공사기간 내 토지사용료 면제가능
- <u>공공목적</u> / 정부전액출자 법인이 비영리 / 공공사업 시 면제가능

    (출연)

↓

- 지단에게 사용허가 시 면제가능
- 사용료 면제 시는

  사용허가 기간 1년 초과 ×

CHAPTER 04 일반재산

대부 · 처분(철거 : 활용계획 ×)

(총) ─ 관리 · 처분

| 위임 | 위탁 |

 총─공   그 외 기관   * 공 = 공무원

중장 + 공

지단 + 공

Ⅰ. 처분 ─────────────────────────── 예정가액

  ┌ 일반경쟁 ─ 3회부터 <u>50/100</u> ✚ <u>10/100 감액</u>   대장 3천 이상 : 2법인
  ├ 제한 · 지명경쟁   (최저)   (매회)   3천 미만 ┐
  └ 수의   ┌ 지자체 처분 시 ┘ ┐ 1법인
                                                     └ 공공기관   ┘
                                                       증권 ─ 30일 평균
                                                       국유지 ⟶ 개공결정
                                                       ① 100㎡ 이하
                                                         (특별시 · 광역시 제외)
                                                       ② 1,000만원 이하인 경우

  ┌ 물납증권처분제한 ─ 수납가보다 적은 금액 처분 ×   ┌─────────────────────┐
  │   │ ① 총괄청과 협의   │
  └ 개척 · 매립 · 간척 · 조림 목적의 대부 · 매각 · 양여 예약   │ ② 지정기한 내 시작 ×,   │
                                                     │   완성 ×, 예약해제가능   │
                                                     └─────────────────────┘
                                                              ↑
                          예약가능(예약기간 : 계약일 ~ 10년 이내)
                          (1년 이내 사업착수)   ┌ + 5년 연장가능
                                                        └ 〈천재지변 등〉

┌─ 총괄청과 협의필요
├─ 공용재산 中 용도폐지 토지·건물
└─ 일반재산 중 토지면적 3천㎡ 초과

2. 　**매각**　 행정목적 필요 외의 경우만 가능

용도와 용도사용기간 정해(10년 이상) 매각 가능

계약 ~ 60일 내 납부(20년 분납 가능)

매각대금 완납 → 소유권 이전

매각 불가

① 중장이 사용승인/관리전환신청

② 법률에 따라 처분제한

③ 장래필요성 고려 처분제한

④ 관리필요 위해 총괄청·중장이 지정

　개발필요/비축목적/소송분쟁 중(예상)

* 매각 계약 해제 사유

대금체납, 거짓진술, 부실증명서류 등 부당방법

용도지정 위반 시

* (국)과 장기공공임대주택 필요한지 협의해야 함

① 용도폐지된 군부대, 교도소, 학교부지

② 일단의 토지(1만 제곱미터 초과)

3. 　**대부** 　1회갱신가능(수의계약 제외)

└ 1개월 전에 신청

① 조림목적 토지·정착물　　　　20년 이내

② 자기비용 수리건물　　　　　10년 이내

③ 그 외 토지·정착물　　　　　5년 이내

④ 그 외 재산　　　　　　　　1년 이내

⑤ 영구시설물 축조　　　　　10년 이내

⑥ 개발재산　　　　　30년 + 20년 이내

＊ 연간 대부료의 전부 또는 일부를 대부보증금으로 환산하여 받을 수 있다.

　　→ 기간만료/계약해제·해지 시 미납 대부료·공과금 공제 후 반환

＊ 상호점유 시 일반재산 대부료 감면

＊ 일반재산의 관리·처분에 관한 사무를 위임·위탁받은 자가 대부료 면제하려는 경우에는 미리 총괄청의 승인을 받아야 해

4. ☐교환☐ 중장 등은 감사원에 보고

위임·위탁자는 교환시 미리 총괄청 승인필요

〈공유·사유재산과 교환가능〉

① 국가가 직접 행정재산으로 사용 필요시

② 소규모 일반재산 한 곳에 모아 관리(재산 효용성 증대)

③ 매각 등 다른 방법으로 처분 곤란(가치와 이용도 높이기 위해 필요한 경우)

④ 상호점유 소유자가 사유토지만으로 진출입이 곤란한 경우 등 요청 시

    → ⅰ) 사유토지만으로 진출입 어려움

       ⅱ) 국가점유로 인하여 사유재산 효용 현저히 감소

       ⅲ) 2016.3.2 이전부터 건물로 점유·사용되고 있는 일반재산인 토지로서

          향후 행정재산으로 활용가능성이 현저하게 낮은 경우

  ┌ 쌍방가격차이 시
  └ 금전납부

* 유사재산 교환 원칙(☐공유재산☐ 및 노후관사대체 신규관사 취득 제외)

                 └ 중장등과 지단이 협의하여 개공 및
                   1개 법인 평가액으로 교환가능

  ① 토지 대 토지

  ② 건물 대 건물

  ③ 동산 대 동산(중장 등은 미리 총괄청과 협의해)

  ④ 건물(공작물) 있는 토지는 주된 재산(전체 가액의 1/2 이상)이 서로 일치하는 경우

* 교환금지

  ① 법률상 처분 제한

  ② 장래 공공용(도로·항만·공항 등)으로 활용가능 재산

  ③ 교환 후 남는 국유재산의 효용이 뚜렷하게 감소

  ④ 교환상대방에게 건물을 신축하게 하고 그 건물을 교환으로 취득하려는 경우

  ⑤ 국유재산 처분기준상 교환제한 대상인 경우

 ┌ ⑥ 구체적인 사용계획 없는 경우

 └┌ ⑦ 한쪽 재산이 다른 쪽 3/4 미만인 경우(소규모 재산 모아서 관리 시는 1/2)

     단, 교환대상이 공유재산인 경우는 제외

'상호점유'시는 교환가능 ──────────────

처분 [시행령 제40조]

① 수의계약 가능 경우

외교·국방상 비밀

천재지변 — 재해복구

양여자 / 무상대부자

지단이 공용·공공용 사용 시

공공기관이 사무용·사업용 사용 시

인구분산 위한 정착사업 필요시

개척·매립·간척·조림사업 완성조건 예약(완성된 부분)

국유지 개발목적 회사에 매각

은닉된 국유재산 반환자

⋮

두 번에 걸쳐 유효입찰 성립 ×

뚜렷하게 국가유리 가격으로 계약가능 시

② 제한경쟁/지명경쟁

인접소유자

실경작자

용도지정매각

수의계약 신청경합

5. 양여   ★중장은 '총'과 협의(③의 경우 500억 이하는 협의 ×)

위임·위탁자는 총괄청승인 필요

┌ 10년 내 양여목적과 달리 사용 시 취소가능 ◄─┐
└ ✚특약등기로 양여계약해지 내용 기재해   │

① 일반재산 을 직접 공용·공공용으로 사용하려는 지단 ──┘

ⅰ) 국가사무에 사용하던 재산을 그 사무이관 받은 지단이 계속 사용하는 일반재산

ⅱ) 지단이 청사부지로 사용하는 일반재산

ⅲ) 5.18 민주화운동 기념사업 추진 필요

⋮

② 용도폐지 재산의 유지·보존 비용 범위 내 지단/공공단체에게 양여

　　　　　　　　　　　→ 재산평가기준시점 등 기획재정부장관이 정한다.

③ 대체시설 제공자에게 　용도폐지 재산　 양여 시

　　　　　　　　└→ ⅰ) 공익사업 편입된 행정재산

　　　　　　　　　　ⅱ) 군사시설 이전 등 대규모 국책사업 수행 위해 용도폐지가

　　　　　　　　　　　　 불가피한 행정재산

④ "보존·활용 필요 없고" & "대부·매각·교환 곤란 시"

　　　　　　　　　└→ ⅰ) 사유토지 위 국가소유 건물(부대시설 포함)

　　　　　　　　　　　ⅱ) 국무회의 심의 거쳐 대통령 승인 받아

　　　　　　　　　　　　 양여하기로 결정한 일반재산

지식재산

① 중앙관서의 장 등은 수의방법으로 사용허가

　✚ 다수에게 일시에
　　 또는 여러 차례 가능 ┐ 특정인에게만도 가능(신청자 1명이거나 필요 시)
　　　→ 다른 사람이용 방해 안돼
　　　→ 방해 시 철회 가능

② ┌ 사용료는 매출액 등 고려하여 대령으로 결정 ┐ 기간은 5년 이내 ✚ 종전 범위 내
　 └ 대부료　　　　　　　　　　　　　　　　　 │ 갱신 가능(특정인에게 사용허가/
　　　　└→ 동일인이 계속 사용 · 수익 시 조정 ✕　 대부한 경우는 1회만 갱신가능)

③ 처분예정가액은 지식재산 존속기간 중의 사용료/대부료 추정 총액으로 한다.
　 (추정불가 시 감정평가 금액으로 한다.)

CHAPTER 06 대장과 보고 및 국유재산관리운용보고서

* 중장은 국유재산의 대장·등기사항증명서·도면 갖춰둬
  └→ 전산자료 대체 가능
  └→ 중장은 매년 실태조사하여 대장 정비해

* 총괄청은 중앙관서별로 국유재산 총괄부를 두어 명확히 한다.
  └→ 전자자료로 대체가능

* 총괄청·중앙관서의장·위임/위탁자는 국유재산 관리·처분 위해서 필요시 등기소 및 관계기관장에게 무료로 서류열람·교부청구가능

* 국유재산의 가격평가 등 회계처리는 국가회계기준에 따른다.

* 중장은 멸실/철거 시 지체 없이 총괄청과 감사원에 보고해

* ┌ ① 국방부장관이 관리하는 선박·부표·부잔교·부선고 및 항공기와 그들의 종물 ┐
  └ ② 중장이 총괄청과 협의하는 재산
  ①·②는 국유재산관리운용보고서, 국가회계기준 및 멸실보고를 적용하지 않는다.

중장은 국유재산관리운용보고서 다음해 2월 말까지 총괄청에 제출

총괄청은 국유재산관리운용총보고서 작성해
  └→ 다음해 4/10까지 감사원 제출 + 검사 받아

총괄청은 ┌ 국유재산관리운용총보고서 ┐ 를 5/31까지 국회에 제출해
         └ 감사원의 검사보고서 ┘

CHAPTER 07 개발

일반재산은 국유재산관리기금의 재원으로 개발 하거나 신탁·위탁·민간참여 개발하여
대부·분양 가능

                  ① 건축·대수선·리모델링 등

                  ② 토지조성행위 → 위탁개발로 한정

CHAPTER 08 현물출자

정부는 일반재산 현물출자(행정재산 ✕)

① 정부출자기업체 새로 설립
② 정부출자기업체 자본확충
③ 정부출자기업체 운영체제와 경영구조 개편 위해 필요 시

→ 정부는 정부출자기업체 업무관장 행정기관장에게 신청
→ 적정성 검토 후 총괄청에 현물출자 요청
→ 국무회의 심의
→ 대통령 승인

건축법

CHAPTER 01 기본개념

I. 건축물

공작 + 물 中

① 토지정착   ✚ ② 지하·고가설치 사무실
    └─ 지붕·기둥 or 벽   공연장
                            점포·차고·창고

- 신축 : 새로 축조(부속물만 있는 대지 포함) + (개축·재축 제외)

- 개축 : 전부 또는 │일부│ 해체 후
        동일 규모 내 다시 축조   전부 ✕ → ─ 종전규모 내 : 개축·재축
               └→ 지붕틀·보·기둥·   └ 종전규모 (초과) : 신축
                내력벽 中
                셋 이상 포함   일부 ✕ → ─ 종전규모 내 : 개축·재축
                                      └ 종전규모 (초과) : 증축

- 재축 : 재해 멸실 다시 축조
        ┌ 종전 연면적 이하
        └ 동수·층수·높이는 변경가능

- 증축 : 건축면적·연면적·층수·높이

- 이전 : 주요구조부 해체 ✕
        대지 내 이동

✚ 특수구조 건축물
   i) 보·차양 등이 외벽중심선 → 3m 이상 돌출
      (외벽 없으면 기둥)
   ii) 기둥~기둥 사이 ┐
       내력벽~내력벽 ┘ → 20m 이상
   iii) 특수설계·시공·공법 (국)고시

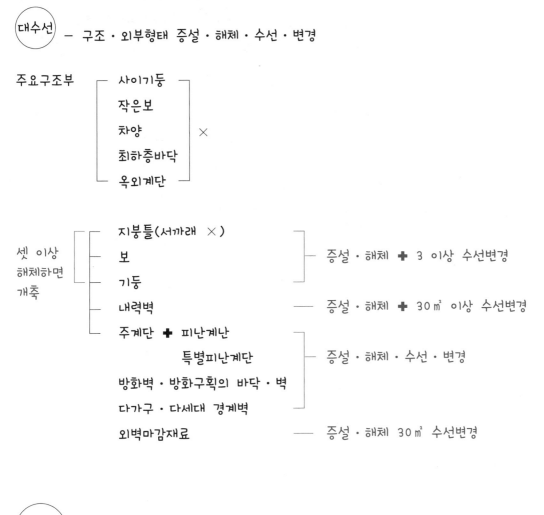

（대수선） — 구조·외부형태 증설·해체·수선·변경

주요구조부 ┬ 사이기둥
            ├ 작은보
            ├ 차양   ╳
            ├ 최하층바닥
            └ 옥외계단

셋 이상   ┌ 지붕틀(서까래 ╳) ┐
해체하면   ├ 보   ├ — 증설·해체 ✚ 3 이상 수선변경
개축   ├ 기둥   ┘
          ├ 내력벽   — 증설·해체 ✚ 30㎡ 이상 수선변경
          └ 주계단 ✚ 피난계난 ┐
                  특별피난계단 ├ — 증설·해체·수선·변경
              방화벽·방화구획의 바닥·벽 │
              다가구·다세대 경계벽 ┘
              외벽마감재료   — 증설·해체 30㎡ 수선변경

（리모델링） 노후억제/기능향상 위해/대수선·증축·개축하는 행위

→ ┌─────────────────────────────────────┐
  │ 리모델링 쉬운 구조로 공동주책 건축허가 신청 시 │
  │ → 용적률·높이제한·일조확보 높이제한   │
  │   100분의 120 범위 내 완화가능   │
  └─────────────────────────────────────┘

Ⅱ. 　건축물 용도 　▶ : 건축물의 종류를 유사구조·이용목적·형태별로 분류

　　　　　　　　　　　　복수용도가능(다른 시설군은 건축위원회 심의 필요)

시설군	용도분류
1. 자동차 관련 시설군	자동차 관련 시설
2. 산업 등 시설군	운수시설, 창고시설, 공장, 위험물저장 및 처리시설, 자원순환 관련 시설, 묘지 관련 시설, 장례시설
3. 전기통신시설군	방송통신시설, 발전시설
4. 문화집회시설군	문화 및 집회시설, 종교시설, 위락시설, 관광휴게시설
5. 영업시설군	판매시설, 운동시설, 숙박시설, 제2종 근린 생활시설 중 다중생활시설
6. 교육 및 복지시설군	의료시설, 교육연구시설, 노유자시설(老幼者施設), 수련시설, 야영장 시설
7. 근린생활시설군	제1종 근린생활시설, 제2종 근린생활시설(다중생활시설은 제외한다.)
8. 주거업무시설군	단독주택, 공동주택, 업무시설, 교정시설, 국방·군사시설
9. 그 밖의 시설군	동물 및 식물 관련 시설

↑ 허가 ↓ 신고 ↔ 기재변경

* 사용승인 : 100㎡ 이상(500㎡ 미만 & 대수선 수반 × 경우는 제외)

* 건축사설계 : 허가대상 500㎡ 이상 용도변경 시

　다중시설　

① 5천㎡ 이상

　　┌ 문화/집회시설(동·식물원 제외)
　　├ 종교시설
　　├ 판매시설
　　├ 운수시설(여객용 시설)
　　├ 의료시설(종합병원)
　　└ 숙박시설(관광숙박)

② 16층 이상

　준다중이용시설　

(1천㎡ 이상)

　문·종·판　　　운·의·숙
　　　노　+　유자시설
　관광휴게　　　교육시설
　　장례　　　　운동시설
　　　　　　　　위락시설

CHAPTER 02 건축절차

I. ★주요규정

1. 건축법 적용제외

   ① 지정문화재 · 임시지정 문화재

   ② 고속도로 통행징수시설

   ③ 컨테이너 간이창고(공장용도 / 이동 용이)

   ④ 하천구역 내 수문조작실

   ⑤ 철도 · 궤도 선로부지 내에 있는

       ⅰ) 운전보안시설

       ⅱ) 선로 위 · 아래 가로지르는 보행시설

       ⅲ) 플랫폼

       ⅳ) 급수 · 급탄 · 급유 시설

2. 일부 배제

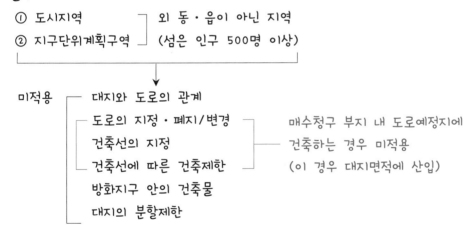

① 도시지역 ┐ 외 동 · 읍이 아닌 지역
② 지구단위계획구역 ┘ (섬은 인구 500명 이상)

미적용 ┬ 대지와 도로의 관계
       ├ 도로의 지정 · 폐지/변경 ┐   매수청구 부지 내 도로예정지에
       │ 건축선의 지정   ├ 건축하는 경우 미적용
       └ 건축선에 따른 건축제한 ┘   (이 경우 대지면적에 산입)
       │ 방화지구 안의 건축물
       └ 대지의 분할제한

3. 다른 법령 배제

   ① 지하굴착시 민법 제244조 제1항 → 안전조치 / 위해 방지

       └, 지하시설

         ⅰ) 경계부터 2m 거리두기

         ⅱ) 지하실공사는 경계부터 깊이의 반 이상 거리두기

   ② 개인하수처리시설 설계의 경우 하수도법 적용 ✕

Ⅱ. 사전결정 ▶ 허용 여부
              건축가능규모 등

통지일부터 2년 이내 건축허가 미신청 시 실효
(환경영향평가 대상 → 환경부장관/지방환경관서장 협의필요)

＊ 의제규정
　 － 국계법상 개발행위허가
　 － 산지전용허가 / 신고
　 － 산지일시사용허가 / 신고 　　 보전산지의 경우는 도시지역만 해당
　 － 농지전용허가 / 신고
　 － 하천점용허가

Ⅲ. 건축허가 ▶ 개발행위허가 / 산지전용 /
              농지전용 / 도로·하천 점용 등 의제

특별시　　광역시　　특·시　特·도　도

허가권자
(건축·대수선)

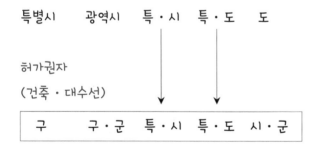

구	구·군	특·시	특·도	시·군

★
┌─ 21층 이상 또는 10만㎡ 이상은 [특·광 허가] ※
│   (3/10 이상 증축하여 21층·10만 이상 포함)
└─ 공장·창고·건축위원회 심의 거친 건물은 제외
        (초고층 건물 제외)

→ 시장·군수는 기본
  설계도서 첨부하여
  도지사 승인
  (도지사가 허가 ×)

자연환경 / 수질보호 목적
: 도지사 지정 구역 내 3층 이상 또는 1천㎡ 이상인
  위락시설·숙박시설 등
  [공동주택, 2종근생(일반음식점), 업무시설(일반업무시설만)]

주거환경 / 교육환경보호 목적
: 도지사가 지정 구역 내 위락·숙박시설

✚ 허가받으려는 자는 소유권 확보해야 함
  * (예외)
  ① 대지사용권 확보 시
     (공동주택분양 목적 시는 확보필요)
  ② 노후·구조안전문제로
     신축·재축·개축·리모델링 위해
     건축물 및 대지 80/100 이상 동의 시
     + 동의한 지분합계 80/100 이상인 경우 ┐
  ③ 구분건물 공용부분 변경결의 / 재건축 결의
  ④ 국공유지 매각·양여 확인 시

→ 미동의자 공유지분은 시가로 매도청구
  가능
  매도청구 전에 3개월 이상 협의해 매
  도청구는 집합건물법 준용
  (소유자 확인 곤란한 공유지분은 둘
  이상 일간신문 두 차례 이상 공고)
  → 공고 후 30일 경과하면 매도청구
     대상으로 봄
  → 2 이상 법인 감정평가액 공탁

허가 거부 가능(건축위원회 심의 거쳐)

① 위락·숙박시설 → 주거·교육환경 고려 부적합
② 방재지구·자연재해위험개선지구 등 상습침수·우려지역
    → 지하층 등에 주거용 사용 및 거실설치 부적합

허가취소

허가 후 ┬ 2년 내 착공 × (정당한 사유 시 1년 연장)
     │ (공장은 3년)
     ├ 2년 내 착공했으나 공사완료 불가능
     └ 착공신고 전에 경매·공매 등으로 건축주소유권 상실때부터 6개월 지난 후 공사
        착수 불가능 판단 시

* 건축물안전영향평가
  ① 초고층건축물
  ② 16층 이상 & 연면적 10만㎡ 이상
  → 건축위원회 심의 거쳐 안전영향평가 기관에 의뢰

허가 및 착공 제한 등(주민의견청취 후 건축위원회 심의)

〈2년 이내 + 1년〉

① 국토교통부장관 ┬ 국토관리 위해 필요시
              └ 주무부장관 요청 시(국방·문화재·환경보전 / 국민경제)
  ↑ 보고 ↓ 지나치면 해제명령
② 특·광·도는 지역계획 / 도시군계획 필요 시

* 공사현장 안전관리 예치금(공사방치할 경우 : 공사현장미관 개선 / 안전관리)
  연면적 1천㎡ 이상 - 공사비 1% 범위(보증서 포함)
  (한국토지주택공사 / 지방공사 제외)

＊ 개선명령(방치되는 공사현장)

　울타리 설치 등 안전조치(긴급필요시 건축주 고시 후 예치금 사용으로 울타리 설치 등 가능)

　공사재개 또는 해체 등 정비

　공사중단 2년 경과 시 건축주에게 서면으로 알린 후 예치금으로 안전조치가능

Ⅳ. 　건축신고　▷ 신고 ~ 1년 내 미착수 시 소멸

　　　　　　　　　　(정당사유 + 1년)

특 · 특 · 시 · 군 · 구 신고 시 허가의제(인허가 의제 포함)

① 85㎡ 이내 증축 · 개축 · 재축(3층 이상인 경우 연면적의 1/10 이내)

② 관리 · 농림 · 자연환경보전 지역 내 200㎡ 미만 & 3층 미만 건축

　(단, 지구단위계획구역, 방재구역 및 붕괴위험지역에서의 건축은 제외)

③ 연면적 200㎡ 미만 & 3층 미만 건축물 대수선

④ 주요구조구의 해체 없는 대수선 ┄┄▶

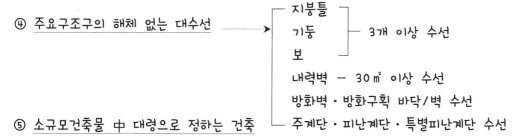

┌ 지붕틀 ┐
│ 기둥　├ 3개 이상 수선
│ 보　 ┘
│ 내력벽 ─ 30㎡ 이상 수선
│ 방화벽 · 방화구획 바닥/벽 수선
└ 주계단 · 피난계단 · 특별피난계단 수선

⑤ 소규모건축물 中 대령으로 정하는 건축

　ⅰ) 연면적 합계 100㎡ 이하 건축물

　ⅱ) 3m 이하 증축 건축물

　ⅲ) 용도 · 규모가 주변환경 · 미관에 지장 ✕

　ⅳ) 공업지역 / 산업단지

　　 지단(도시지역의 산업/유통형) ┐ 내 2층 이하 & 500㎡ 이하 공장

　　　　　　　　　　　　　　　　┘ (제조업소 등 물품제조 · 가공시설 포함)

　ⅴ) 농업/수산업 위한 읍 · 면 지역 내

　　 200㎡ 이하 창고 / 작물재배사 / 화초 및 분재 등의 온실

　　 400㎡ 이하 축사 / 종묘배양시설

　허가 / 신고 변경　 허가 · 신고사항 변경 시 허가 · 신고 / 경미한 사항은 ✕

① 85㎡ 초과하는 부분에 대한 신축·증축·개축은 허가

그 외 사항은 신고

② "①"에도 불구하고 허가 갈음되는 신고 대상 건축물은 신고할 것

③ 건축주·설계자·공사시공자·공사감리자 변경은 신고

V. ┃ 가설건축물 ┃▶ 가설건축물 관리대장 관리 ∥ 관계기관 협의필요시 요청 시부터

15일 내 의견 없으면 협의성립 강조

특특·시·군·구

도시·군계획시설 및 예정지 → 가설건축물 허가

─ 도시군계획시설 개발 방해 안돼

─ 4층 이상 안돼

─ 철콘/철골철콘 아닐 것

─ 존치기간 3년 이내

(도시군 계획사업 시행때까지 연장 가능)

─ 전기·가스·수도 등 새로운 간선벌비 설치 필요 ×

└ 공동주택·판매시설·운수시설 등 분양목적 ×

재해복구·흥행·전람회·공사용 가설건축물은 신고

3년 이내 ∥ 공사용은 공사완료일까지

VI. 사용승인

건축주는
공사감리자가 작성한 감리완료보고서와
공사완료도서를 첨부하여 사용승인 신청

사용승인 후 건물사용
단, 아래 경우는 예외

① 기간 내 사용승인서 교부 ✕
② 사용승인서 교부 전에 임시사용승인한 경우
  ⅰ) 식수·조경 조치에 부적합 시기 시 식수·조경 조치 조건으로 임시사용승인
  ⅱ) 임시사용승인은 2년 이내
    ┌ 대형건축물 / 암반공사 등
    └ 공사기간 긴 경우는 연장가능

VII. 공용건축물 특례

국가·지단 건축 시 허가권자와 협의 ⟶ 협의 시 허가/신고 간주
                    ⟶ 착공 전에 설계도서·관계서류·문서(전자포함) 제출
                      (국가안보/국가기밀시 설계도서 생략 가능)
                    ⟶ 사용승인 적용 ✕, 준공 시 통보

국가·지단 소유 대지에 지상권 설정시 지상권자를 건축주로 보고 건축허가 가능
                  (구분지상권 설정부분을 대지로 봄)
                  ⟶ 주민편익시설 등 목적

CHAPTER 03 대지 · 도로 · 조경 등

필수사항

* 고층 ┬ 초고층 50층 이상 or 200m 이상
　　　├ 준고층
　　　└ 고층　30층 이상 or 120m 이상

1. 층

① 승강기탑 · 계단탑 · 망루 · 장식탑 · 옥탑

　－ 건축면적의 1/8(공동주택 전용 85㎡ 이하는 1/6) 이하인 경우는 층수산입 ×

② ✚ 지하층은 층수 산입 ×

　　바닥 － 지표 평균 높이가 해당 층 높이 1/2 이상

③ 층수구분 불명확 ⟶ 4m 마다

④ 층수가 다르면 ⟶ 가장 높은 층

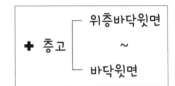

✚ 층고 ┬ 위층바닥윗면
　　　│　～
　　　└ 바닥윗면

2. 대지면적(수평투영면적)

건축선과 대지사이 ┐
도시군계획시설 면적 ├ 제외
(도로 · 공원 등) ┘

┬ 둘 이상 하나의 대지
│　① 2필지 이상에 건축
│　② 공간정보법상 합병불가
│　　　ⅰ) 지번부역지역 상이
│　　　ⅱ) 축척상이
│　　　ⅲ) 지반연속 ×
│　③ 주택단지(주 + 부 + 복)
└　④ 합필조건 건축허가 시(소유자 상이 시는 ×)

└ 하나 이상 중 일부를 하나의 대지

　ⅰ) 도시·군계획시설

　ⅱ) 농지전용 / 산지전용허가

　ⅲ) 국계법상 개발행위허가

　ⅳ) 분필조건 건축허가

3. 건축면적(외벽(기둥) 중심선 수평투영)

　① 돌출부분(처마·차양 등) 거리 후퇴

　　┌ 사찰 : 4m

　　├ 축사 : 3m

　　├ 한옥 / 충전시설설치 위한 공동주택, 신재생에너지 설치 위한 건축물 : 2m

　　└ 그 밖 : 1m

　② 건축면적 산입 ×

　　지표면 1m 이내(물품 입출고차량은 1.5m)

　　지하주차장 경사로

　　생활폐기물 보관시설(음쓰 — 의류수거)

4. 바닥면적(각 층 벽·기둥 중심선 둘러싸인 면적)

　① 벽·기둥 구획 없는 경우(캐노피)

　　수평거리 1m 후퇴선 둘러싸인 수평투영

　② 필로티 구조 : 공중·차량 통행 or 주차이용 시

　　(면적산입 ×)　★공동주택의 경우

　③ 노대등 : 노대등이 접한 가장 긴 외벽에 접한 길이에 1.5m 곱한 값 뺀 면적

　④ 승강기탑·계단탑·장식탑

　　다락 ┌ 층고 1.5m 이하

　　　　　└ 경사지붕 1.8m 이하　　　　　　　　　　　　　┤ 면적산입 ×

　　건물 내부 냉방설비 배기장치 전용설치공간

　　옥상·옥외·지하에 설치하는 물탱크, 기름탱크, 냉각탑, 정화조 등 ┘

　⑤ 공동주택 지상층 설치된 기계실·전기실·조경시설·어린이놀이터·

　　생활폐기물보관시설

⑥ 건축리모델링 시 미관향상, 단열 위한 외벽 마감재

⑦ 지하주차장 경사로(지하 1층 내려가는 부분)

5. 연면적(바닥면적 합계)

* 용적률 산정 시 제외(연면적/대지면적)
   ― 지하층
   ― 지상층 주차장(부속용도인 경우)
   ― 피난안전구역
   ― 경사지붕 아래 설치하는 대피공간

6. 높이(지표면 ~ 건축물 상단) (가로구역·일조확보높이 산정 시 필로티 제외)

  ┌ ① 가로구역 : 전면도로 중심선 ~ 높이
  └ ② 일조확보 : ┌ 각 대지 평균 수평면을 지표로 본다.
                  └ 공동주택의 경우 높낮이 차이가 있으면 낮은 대지기준

   ③ 승강기탑·계단탑·망루·장식탑·옥탑 ― 건축면적 1/8 이하 ┐
      공동주택(전용 85㎡ 이하) ― 건축면적 1/6 이하   ├ 12m 넘는 부분만
                                                               ┘ 높이 가산

   가로구역 : 도로로 둘러싸인 일단의 지역
             허가권자는 ┌ 건축위원회 심의 거쳐 구역별 높이 지정·권고
                        └ 구역 내 높이 다르게도 가능
             특·특·시·군·구는 건축위원회 심의 거쳐 완화적용 가능
             특별·광역시장은 조례로 높이 정할 수 있다.

   일조확보(2층 이하로서 8m 이하는 적용하지 않을 수 있음)
   ① 전용주거지역·일반주거지역 ― 일조확보
      정복방향에서 일정거리 띄우기
      ┌ 높이 9m 이하 : 1.5m 이상
      └ 높이 9m 초과 : 해당 층 높이 1/2 이상
   ② 공동주택(일반상업·중심상업 제외) ― 채광 등 확보

7. 도로(보행과 자동차 통행가능 / 4m 이상 도로) ─┬─ (1) 지형적으로 자동차 통행 불가
  ① 국계법·도로법·사도법 등 도로   시는 3m 이상인 도로
  ② 시·도·시·군·구 <u>지정도로</u>(폐지·변경 포함)   (길이가 10m 미만인 막다른
                 ↳ 이해관계인 동의 필요   도로는 2m 이상)
                                 └─ (2) 막다른 도로
   + 도로관리대장관리   ┌─ 10m 미만 : 2m
                                   ├─ 10m 이상 35m 미만 : 3m
 * 동의 없이 건축위원회 심의 후 가능   └─ 35m 이상 : 6m
   ⅰ) 해외거주 등 동의 곤란   (도시지역 아닌 읍·면
   ⅱ) 사실상 통로로서 조례로 정한 경우   인 경우는 4m)

 * 사도법상 사도는 다음 도로 아닌 것으로
  그 도로에 연결되는 길을 말한다.
   ⅰ) 도로법상 도로 / 준용도로
   ⅱ) 농어촌도로 정비법상 농어촌도로
   ⅲ) 농어촌정비법에 따라 설치된 도로

대지의 안전 ▶ 대지는 인접도로보다 높아야 함
                (배수지장 없거나 방습필요 없으면 낮아도 됨)

빗물·오수배출 위한 하수관·하수구·저수탱크 등 시설

손궤예방 <u>옹벽</u> 조치 등
     └─┬─ 2m 이상인 경우 콘크리트
        └─ 외벽 면에는 이의 지지 또는 배수시설 **★**<u>외의</u> 구조물이 밖으로 돌출 ✕

조경 ▶ 200㎡ 이상(대지면적) 시 조경(조례로 조경면적 정함)

(옥상조경 면적 2/3를 대지조경으로 인정)

└ 조경면적 50/100 초과 ✕

* 예외)
  ① ＊녹지지역 건축물 / 축사 / 가설건축물
  ② ＊공장 ┬ 대지면적 5000㎡ 미만
       ├ 연면적 1500㎡ 미만
       └ 산업단지의 공장(산업집적활성화 및 공장설립 법률)
  ③ 염분함유 / 용도상 조경설치 곤란
  ④ 연면적 1500㎡ 미만 물류시설(＊주거지역・상업지역 내 건축물은 제외)

건축선 ▶

* 건축할 수 있는 범위
* 도로 4m 확보
* 4m 확보 ✕

  ┬ 좌우 미달거리 1/2 후퇴
  ├ 하천・철도 등인 경우 한쪽으로 4m 미달부분 후퇴
  └ 모퉁이
* 도시지역에는 4m 이하 범위에서 건축선을 따로 지정가능
* 건축물・담장은 건축선 수직면 못 넘어(지하는 제외)
* 4.5m 이하 출입문・창문 개폐 시 건축선 넘으면 안돼

공개공지 ▶ (대지면적 10/100 이내 / 필로티 구조 가능)

건폐율
용적률(1.2배 이내 완화) ┐── 공개공지 설치대상 아닌 건축물에 공개공지
높이(1.2배 이내 완화) ┘   설치 시 준용

┌ 일반주거 / 준주거지역
├ 상업지역
├ 준공업지역
└ 특·특·시·군·구 도시가능성 / 산업단지 정비 위해 지정·공고지역
                                        │
                                        ↓
문화 및 집회시설
종교시설
판매시설(농수산물 유통시설 제외)
운수시설(여객용시설)   ── 각 용도 바닥면적 합계가
업무시설   5000㎡ 이상인 건축물
숙박시설
                                        │
                                        ↓
긴 의자 / 조경시설 등 설치 →   * 행위제한
(60일 내 문화·판촉행위 가능)   ┌ 일정공간 점유 영업행위
                               ├ 시설물 설치
                               ├ 물건 쌓는 행위
                               ├ 출입차단
                               └ 편의시설 훼손

대지와 도로

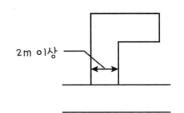

* 대지는 2m 이상 도로에 접할 것!!
  (자동차 통행에만 사용되는 도로 ✕)

* (예외)
  ① 출입에 지장 없는 경우
  ② 광장·공원·유원지 등 <u>출입제한 없는 공지 인접 시</u>
                    (허가권자 인정한 것)
  ③ 농막 건축 시

┌── 축사 제외 / 작물재배사 제외
* 연면적 2천㎡(공장은 3천㎡) 이상 <u>건축물은</u> 너비 6m 이상의 도로에 4m 이상 접해야 해

* 모퉁이

옹벽 등 공작물 신고(건축물과 분리 축조)
옹벽, 굴뚝, 광고탑, 고가수조, 지하대피호

2m 초과 : 옹벽 / 담장
4m 초과 : 장식탑, 기념탑, 첨탑, 광고탑, 광고판
5m 초과 : 태양에너지 발전설비
6m 초과 : 굴뚝
8m 초과 : 골프연습장 등 운동시설 철탑
          주거·상업지역 내 통신용 철탑
8m 이하 : 기계식 주차장
          철골 조립식 주차장으로 외벽 없는 것(바닥면 조립식 아닌 것 포함)
바닥면적 30㎡ 초과 : 지하대피호

CHAPTER 04 기타

I. 건축물의 구조 · 재료 등

1. 내진능력 공개(구조안전 확인 대상 아니거나 내진능력 산정이 곤란한 건축물은 제외)

↓

충수 2층 이상(목구조는 3층)

or

연면적 200㎡ 이상(목구조는 500㎡ 이상)

2. 고층건축물의 피난 및 안전관리

초고층건물 ⟶ 최대 30개층마다 1개소 이상 설치

준고층건물 ⟶ 전체 층수의 1/2 해당 층으로부터 상하 5개층 이내에 1개소 이상 설치

3. 방화지구(주요구조부 · 지붕 · 외벽 ⟶ 내화구조)

지붕위 설치 공작물 or 3m 이상 공작물은 주요구조부를 불연재료로 해

II. 지역 · 지구 건축물

1. 대지가 지역 · 지구 · 구역에 걸치는 경우

대지의 과반이 속한 지역 · 지구 · 구역 규제 적용

방화지구에 걸리는 경우는 방화지구 적용(건축물)

녹지지역에 걸리는 경우는 각 지역 · 지구 · 구역 적용

2. 대지 분할 제한

주   60㎡ ┐
상   150㎡ │
공   150㎡ ├── 범위에 못 미치게 분할 × ✚ 대지와 도로
녹   200㎡ │   건폐율
그 외 60㎡ ┘   용적률
                                          대지 안 공지
                                          높이 제한
                                          <u>일조 높이 제한</u>
                                               ↓
                                          기준 적합해야 분할가능

Ⅲ. 특별건축구역 ▶ 조화롭고 창의적인 건축물

1. 지정(군사기지·군사시설 보호구역 해당 시 국방부장관 사전협의 필요)

(국) 국가가 국제행사 / 국책사업

(시·군) 지단이 국제행사 / 도시개발·재정비사업구역

　　　　　　　　　 건축문화 진흥사업구역

2. 지정 ×

개발제한구역

자연공원

접도구역

보전산지

3. 건축물

국가·지단 건축하는 건축물

<u>공공기관</u>이 건축하는 건축물

└ 한국토지주택공사 ✚ 국가철도공단

　　　 수자원

　　　 도로

　　　 철도

　　　 관광

　　　 농어촌

Ⅳ. 건축협정

① 토지 · 건물 · 지상권자 전원합의로

건축 · 대수선 · 리모델링 협정체결가능 ─ 승계인정

(1인 협정가능)

┌─────────────────┐
│ 지구단위계획구역 │
│ 도시주거정비사업구역 │
│ 도시재정비존치지역 │
│ 도시재생활성화지역 │
└─────────────────┘

과반수 동의

폐지인가신청

(착공신고한 경우에는 신고일부터

20년 지난 후 폐지인가신청가능)

┌ 절차

② 협정체결자 또는 건축협정운영회는 건축협정서 작성하여 허가권자에게 인가신청(건축위원회 심의 필요)

③ 완화적용가능(위원회 심의 필요)

대지조경

건폐율 / 용적률

대지 안의 공지

높이 제한

일조확보 높이 제한

주택건설

V. 결합건축 ▶ 2개 이상 대지 용적률 통합적용
협정체결 유지기간은 최소 30년으로 한다.

1. 대상지역

상업지역 / 역세권개발구역

주거환경개선사업 예정구역

건축협정구역

특별건축구역

리모델링활성화 구역

도시재생활성화 지역

건축자산 진흥구역

2. 2개의 대지

① 동일대상지역

② 너비 12미터 도로로 둘러싸인 하나의 구역 안에 있는 경우 100미터 이내

3. 3개의 대지

① 동일대상지역

② 최단거리 500미터 이내

Ⅵ. 이행강제금 → 문서로 계고

① 1년 2회 범위 내 ⎛시정명령 이행 시 ┌ 기부과금 징수⎞
⎝   └ 부과 중지 ⎠

② ┌ Ⓐ 1㎡ 시가표준액 × 50/100 해당 금액 ┌ × 일정비율 ──────
│   무허가   100/100
│   건폐율 초과   90/100
│   용적률 초과   80/100
│   └ 무신고   70/100
│
└ Ⓑ Ⓐ외의 경우는 1㎡ 시가표준액 × 10/100 범위 내

③ 상습범, 영리목적 100/100 범위 내에서 가중해

④ 감경
┌ <u>연면적 60㎡ 이하 주거용 및 B 중 주거용 건축물</u> → 1/2 범위 내 조례로 정하는 금액 부과
│   ↓
│ 사용승인을 받지 아니하고 건축물을 사용한 경우
│ 대지의 조경에 관한 사항을 위반한 경우
│ 건축물의 높이 제한을 위반한 경우
│ 일조 등의 확보를 위한 건축물의 높이 제한을 위반한 경우
│
├ 축사 등 농업용·어업용 시설 500㎡ 이하 → 1/5 감경
│   (수도권 외는 1,000㎡ 이하)
│
└ 위반 동기, 위반 범위 및 위반 시기 등을 고려하여 대령으로 정하는 경우 1/2 범위 내 감경

Ⅶ. 대집행

허가건자는 건축허가, 건축신고, 토지굴착 부분에 대한 조치, 위반건축물 등에 대한 조치 등과 관련하여 아래 경우에는 대집행법상 계고 및 통지절차 없이 대집행 가능(건축물의 관리를 위하여 필요한 최소한도 내)

1. 재해가 발생할 위험이 절박한 경우

2. 건축물의 구조 안전상 심각한 문제가 있어 붕괴 등 손괴의 위험이 예상되는 경우

3. 허가권자의 공사중지명령을 받고도 따르지 아니하고 공사를 강행하는 경우

4. 도로통행에 현저하게 지장을 주는 불법건축물인 경우

5. 공공의 안전 및 공익에 매우 저해되어 신속하게 실시할 필요가 있다고 인정되는 경우
   (대기오염물질 또는 수질오염물질을 배출하는 건축물로서 주변 환경을 심각하게 오염시킬 우려가 있는 경우)

CHAPTER 05 부록

용도별 건축물의 종류(제3조의5 관련)

1. 단독주택

가. 단독주택

나. 다중주택 : 660제곱미터 이하, 3층 이하(필로티 제외), [독립된 주거 형태를 갖추지 않은 것(취사시설 ×)]

다. 다가구주택 : 660제곱미터 이하, 3층 이하(필로티 제외), 19세대 이하

라. 공관(公館)

2. 공동주택

가. 아파트 : 주택 5개 층 이상

나. 연립주택 : 1개 동 660제곱미터 초과(지하주차장 연결된 경우 각각의 동으로 본다), 4층 이하

다. 다세대주택 : 1개 동 660제곱미터 이하(지하주차장 연결된 경우 각각의 동으로 본다), 4층 이하

라. 기숙사(1개 동의 공동취사시설 이용 세대 수가 전체의 50퍼센트 이상인 것)

3. 제1종 근린생활시설

가. 일용품(식품·잡화·의류·완구·서적·건축자재·의약품·의료기기 등) 판매 소매점(1천 제곱미터 미만인 것)

나. 휴게음식점(술 ×), 제과점 등 : (300제곱미터 미만인 것)

다. 세탁·수선하는 시설(이용원, 미용원, 목욕장, 세탁소 등)

라. 진료·치료 시설(의원, 치과의원, 한의원, 침술원, 접골원(接骨院), 조산원, 안마원, 산후조리원 등)

마. 탁구장, 체육도장 : (500제곱미터 미만인 것)

바. 공공업무 시설(1천 제곱미터 미만인 것)(지역자치센터, 파출소, 지구대, 소방서, 우체국, 방송국, 보건소, 공공도서관, 건강보험공단 사무소 등)

사. 주민 공동 이용시설[마을회관, 마을공동작업소, 마을공동구판장, 공중화장실, 대피소, 지역아동센터(단독주택과 공동주택에 해당하는 것은 제외)]

아. 주민의 생활에 필요한 에너지공급·통신서비스제공이나 급수·배수와 관련된 시설[변전소, 도시가스배관시설, 통신용 시설(해당 용도로 쓰는 바닥면적의 합계가 1천제곱미터 미만인 것에 한정), 정수장, 양수장 등]

자. 일반업무시설(금융업소, 사무소, 부동산중개사무소, 결혼상담소 등 소개업소, 출판사 등) : (30제곱미터 미만)

차. 전기자동차 충전소 : (1천제곱미터 미만인 것)

4. 제2종 근린생활시설

가. 공연장(극장, 영화관, 연예장, 음악당, 서커스장, 비디오물감상실, 비디오물소극장) : (500제곱미터 미만)

나. 종교집회장(교회, 성당, 사찰, 기도원, 수도원, 수녀원, 제실(祭室), 사당) : (500제곱미터 미만)

다. 자동차영업소 : (1천제곱미터 미만)

라. 서점(제1종 근린생활시설에 해당하지 않는 것)

마. 총포판매소

바. 사진관, 표구점

사. 청소년게임제공업소, 복합유통게임제공업소, 인터넷컴퓨터게임시설제공업소, 가상현실체험 제공업소 : (500제곱미터 미만)

아. 휴게음식점, 제과점 등 : (300제곱미터 이상)

자. 일반음식점(술 o.k)

차. 장의사, 동물병원, 동물미용실, 동물위탁관리업을 위한 시설

카. 학원/교습소(자동차학원/교습소·무도학원/교습소 및 정보통신기술을 활용하여 원격으로 교습하는 것은 제외), 직업훈련소(운전·정비 관련 직업훈련소는 제외) : (500제곱미터 미만)

타. 독서실, 기원

파. 주민의 체육 활동을 위한 시설(테니스장, 체력단련장, 에어로빅장, 볼링장, 당구장, 실내낚시터, 골프연습장, 놀이형시설(「관광진흥법」에 따른 기타유원시설업의 시설) 등 : (500제곱미터 미만)

하. 일반업무시설(금융업소, 사무소, 부동산중개사무소, 결혼상담소 등 소개업소, 출판사 등) : [500제곱미터 미만(제1종 근린생활시설에 해당하는 것은 제외한다)]

거. 다중생활시설(다중이용업 중 고시원업 시설) : (500제곱미터 미만)

너. 물품의 제조·가공·수리 등을 위한 시설(제조업소, 수리점 등) : (500제곱미터 미만이고, 배출시설의 설치 허가 또는 신고의 대상이 아닌 것 또는 폐수배출시설의 설치 허가를 받거나 신고해야 하는 시설로서 발생되는 폐수를 전량 위탁처리하는 것 중 하나일 것)

더. 단란주점 : (150제곱미터 미만)

러. 안마시술소, 노래연습장

제3호 및 제4호에서 "해당 용도로 쓰는 바닥면적"이란 부설 주차장 면적을 제외한 실(實) 사용면적에 공용부분 면적(복도, 계단, 화장실 등의 면적을 말한다)을 비례 배분한 면적을 합한 면적을 말한다.

「청소년 보호법」에 따라 여성가족부장관이 고시하는 청소년 출입·고용금지업의 영업을 위한 시설은 제1종 근린생활시설 및 제2종 근린생활시설에서 제외하되, 다른 용도의 시설로 분류되지 않는 경우에는 제16호에 따른 위락시설로 분류한다.

5. 문화 및 집회시설

가. 공연장, 집회장(예식장, 공회당, 회의장, 마권(馬券) 장외 발매소, 마권 전화투표소) : 제2종 근린생활시설에 해당하지 아니하는 것
나. 관람장(경마장, 경륜장, 경정장, 자동차 경기장, 체육관 및 운동장으로서 관람석의 바닥면적의 합계가 1천 제곱미터 이상인 것)
다. 전시장(박물관, 미술관, 과학관, 문화관, 체험관, 기념관, 산업전시장, 박람회장)
라. 동물원, 식물원, 수족관

6. 종교시설 : 종교집회장(제2종 근린생활시설에 해당하지 아니하는 것) + 이에 설치하는 봉안당(奉安堂)

7. 판매시설

가. 도매시장(농수산물도매시장, 농수산물공판장)
나. 소매시장
다. 상점(그 안에 있는 근린생활시설을 포함한다), 일용품(서점 제외)으로서 1종 근생 아닌 것 또는 청소년게임제공업의 시설, 일반게임제공업의 시설, 인터넷컴퓨터게임시설제공업의 시설 및 복합유통게임제공업의 시설로서 제2종 근린생활시설에 해당하지 아니하는 것 중 하나일 것

8. 운수시설 : 여객자동차터미널, 철도시설, 공항시설, 항만시설

9. 의료시설 : 병원(종합병원, 병원, 치과병원, 한방병원, 정신병원 및 요양병원), 격리병원(전염병원, 마약진료소)

10. **교육연구시설**(제2종 근린생활시설에 해당하는 것은 제외한다)

　가. 학교(유치원, 초등학교, 중학교, 고등학교, 전문대학, 대학, 대학교, 이에 준하는 각종 학교)

　나. 교육원(연수원, 이와 비슷한 것 포함)

　다. 직업훈련소(운전 및 정비 관련 직업훈련소는 제외)

　라. 학원/교습소(자동차학원/교습소·무도학원/교습소 및 정보통신기술을 활용하여 원격으로 교습하는 것은 제외)

　마. 연구소(연구소에 준하는 시험소와 계측계량소를 포함)

　바. 도서관

11. **노유자시설**

　가. 아동 관련 시설(어린이집, 아동복지시설, 그 밖에 이와 비슷한 것으로서 단독주택, 공동주택 및 제1종 근린생활시설에 해당하지 아니하는 것을 말한다)

　나. 노인복지시설(단독주택과 공동주택에 해당하지 아니하는 것을 말한다)

　다. 그 밖에 다른 용도로 분류되지 아니한 사회복지시설 및 근로복지시설

12. **수련시설**

　가. 생활권 수련시설(청소년수련관, 청소년문화의집, 청소년특화시설)

　나. 자연권 수련시설(청소년수련원, 청소년야영장)

　다. 유스호스텔

　라. 야영장 시설(300제곱미터 이상인 것)

13. **운동시설**

　가. 탁구장, 체육도장, 테니스장, 체력단련장, 에어로빅장, 볼링장, 당구장, 실내낚시터, 골프연습장, 놀이형시설, 그 밖에 이와 비슷한 것으로서 제1종 근린생활시설 및 제2종 근린생활시설에 해당하지 아니하는 것

　나. 체육관으로서 관람석이 없거나 관람석의 바닥면적이 1천제곱미터 미만인 것

　다. 운동장(육상장, 구기장, 볼링장, 수영장, 스케이트장, 롤러스케이트장, 승마장, 사격장, 궁도장, 골프장 등과 이에 딸린 건축물을 말한다)으로서 관람석이 없거나 관람석의 바닥면적이 1천 제곱미터 미만인 것

14. **업무시설**

　가. 공공업무시설 : 국가 또는 지방자치단체의 청사와 외국공관의 건축물로서 제1종 근생 아닌 것

　나. 일반업무시설 : 다음 요건을 갖춘 업무시설을 말한다.

1) 금융업소, 사무소, 결혼상담소 등 소개업소, 출판사, 신문사 : 제1종 및 제2종 근생 아닌 것
2) 오피스텔

15. 숙박시설
가. 일반숙박시설 및 생활숙박시설(숙박업 신고 필요)
나. 관광숙박시설(관광호텔, 수상관광호텔, 한국전통호텔, 가족호텔, 호스텔, 소형호텔, 의료관광호텔 및 휴양 콘도미니엄)
다. 다중생활시설(제2종 근린생활시설에 해당하지 아니하는 것)

16. 위락시설
가. 단란주점(제2종 근생 아닌 것)
나. 유흥주점이나 그 밖에 이와 비슷한 것
다. 유원시설업의 시설, 그 밖에 이와 비슷한 시설(제2종 근생과 운동시설에 해당하는 것은 제외)
라. 무도장, 무도학원
마. 카지노영업소

17. 공장
물품의 제조·가공(염색·도장(塗裝)·표백·재봉·건조·인쇄 등) 또는 수리에 계속적으로 이용되는 건축물로서 제1종 근린생활시설, 제2종 근린생활시설, 위험물저장 및 처리시설, 자동차 관련 시설, 자원순환 관련 시설 등으로 따로 분류되지 아니한 것

18. 창고시설(위험물 저장 및 처리 시설 또는 그 부속용도에 해당하는 것은 제외)
가. 창고(물품저장시설로서 「물류정책기본법」에 따른 일반창고와 냉장 및 냉동 창고를 포함)
나. 하역장
다. 「물류시설의 개발 및 운영에 관한 법률」에 따른 물류터미널
라. 집배송 시설

19. 위험물 저장 및 처리 시설(설치 또는 영업허가 대상으로 하되 자가난방/발전 저장시설은 제외)
가. 주유소(기계식 세차설비 포함) 및 석유 판매소
나. 액화석유가스 충전소·판매소·저장소(기계식 세차설비 포함)
다. 위험물 제조소·저장소·취급소
라. 액화가스 취급소·판매소
마. 유독물 보관·저장·판매시설

　　바. 고압가스 충전소·판매소·저장소

　　사. 도료류 판매소

　　아. 도시가스 제조시설

　　자. 화약류 저장소

20. 자동차 관련 시설(건설기계 관련 시설 포함)

　　가. 주차장

　　나. 세차장

　　다. 폐차장

　　라. 검사장

　　마. 매매장

　　바. 정비공장

　　사. 운전학원 및 정비학원(운전 및 정비 관련 직업훈련시설을 포함)

　　아. 「여객자동차 운수사업법」, 「화물자동차 운수사업법」 및 「건설기계관리법」에 따른 차고 및 주기장(駐機場)

　　자. 전기자동차 충전소로서 제1종 근린생활시설에 해당하지 않는 것

21. 동물 및 식물 관련 시설

　　가. 축사(양잠·양봉·양어·양돈·양계·곤충사육 시설 및 부화장 등을 포함)

　　나. 가축시설(가축용 운동시설, 인공수정센터, 관리사(管理舍), 가축용 창고, 가축시장, 동물검역소, 실험동물 사육시설, 그 밖에 이와 비슷한 것)

　　다. 도축장

　　라. 도계장

　　마. 작물 재배사

　　바. 종묘배양시설

　　사. 화초 및 분재 등의 온실

　　아. 동물 또는 식물과 관련된 가목부터 사목까지의 시설과 비슷한 것(동·식물원은 제외)

22. 자원순환 관련 시설

　　가. 하수 등 처리시설

　　나. 고물상

　　다. 폐기물재활용시설

　　라. 폐기물 처분시설

　　마. 폐기물감량화시설

23. **교정 및 군사 시설**(제1종 근린생활시설에 해당하는 것은 제외)

　가. 교정시설(보호감호소, 구치소 및 교도소)

　나. 갱생보호시설, 그 밖에 범죄자의 갱생・보육・교육・보건 등의 용도로 쓰는 시설

　다. 소년원 및 소년분류심사원

　라. 국방・군사시설

24. **방송통신시설**(제1종 근린생활시설에 해당하는 것은 제외)

　가. 방송국(방송프로그램 제작시설 및 송신・수신・중계시설을 포함)

　나. 전신전화국

　다. 촬영소

　라. 통신용 시설

　마. 데이터센터

25. **발전시설** : 발전소(집단에너지 공급시설을 포함) : 제1종 근생 아닌 것

26. **묘지 관련 시설** : 화장시설, 봉안당(종교시설에 해당하는 것은 제외), 묘지와 자연장지에 부수되는 건축물, 동물화장시설, 동물건조장(乾燥葬)시설 및 동물 전용의 납골시설

27. **관광 휴게시설** : 야외음악당, 야외극장, 어린이회관, 관망탑, 휴게소, 공원・유원지 또는 관광지에 부수되는 시설

28. **장례시설** : 장례식장(의료시설의 부수시설은 제외), 동물 전용의 장례식장

29. **야영장 시설**(관리동, 화장실, 샤워실, 대피소, 취사시설 등 용도 바닥면적의 합계가 300제곱미터 미만)

대지면적 등 기본용어 정리

1. 대지면적

대지의 수평투영면적으로 한다. 다음 각 목은 제외한다.

가. 건축선과 도로 사이의 대지면적

나. 대지에 도시·군계획시설인 도로·공원 등이 있는 경우 그 도시·군계획시설에 포함되는 대지면적(매수청구대상 부지에 건축물 또는 공작물을 설치하는 도시·군계획시설의 부지는 제외한다)

2. 건축면적

건축물의 외벽(외벽이 없는 경우에는 외곽 부분의 기둥)의 중심선으로 둘러싸인 부분의 수평투영면적으로 한다. 다만, 다음 각 목 어느 하나에 해당 시 각 목에서 정하는 기준에 따라 산정한다.

가. 처마, 차양, 부연(附椽) : 돌출된 끝부분으로부터 수평거리를 후퇴한 선으로 둘러싸인 부분의 수평투영면적으로 한다.

    1) 전통사찰 : 4미터 이하의 범위에서 외벽의 중심선까지의 거리

    2) 축사 : 3미터 이하의 범위에서 외벽의 중심선까지의 거리

    3) 한옥 : 2미터 이하의 범위에서 외벽의 중심선까지의 거리

    4) 전기충전시설(그에 딸린 충전 전용 주차구획을 포함한다)이 설치된 공동주택 : 2미터 이하의 범위에서 외벽의 중심선까지의 거리

    5) 신·재생에너지 설비설치를 위해 제로에너지건축물 인증을 받은 건축물 : 2미터 이하의 범위에서 외벽의 중심선까지의 거리

    6) 그 밖의 건축물 : 1미터

나. 다음의 경우에는 건축면적에 산입하지 않는다.

    1) 지표면으로부터 1미터 이하에 있는 부분(창고 중 물품을 입출고하기 위하여 차량을 접안시키는 부분의 경우에는 지표면으로부터 1.5미터 이하에 있는 부분)

    2) 건축물 지상층에 일반인이나 차량이 통행할 수 있도록 설치한 보행통로나 차량통로

    3) 지하주차장의 경사로

    4) 건축물 지하층의 출입구 상부(출입구 너비에 상당하는 규모의 부분을 말한다)

    5) 생활폐기물 보관시설(음식물쓰레기, 의류 등의 수거시설을 말한다)

    6) 어린이집의 비상구에 연결하여 설치하는 폭 2미터 이하의 영유아용 대피용 미끄럼대 또는 비상계단

    7) 장애인용 승강기, 장애인용 에스컬레이터, 휠체어리프트 또는 경사로

3. 바닥면적

건축물의 각 층 또는 그 일부로서 벽, 기둥, 그 밖에 이와 비슷한 구획의 중심선으로 둘러싸인 부분의 수평투영면적으로 한다. 다만, 다음 각 목의 어느 하나에 해당하는 경우에는 각 목에서 정하는 바에 따른다.

가. 벽·기둥의 구획이 없는 건축물은 그 지붕 끝부분으로부터 수평거리 1미터를 후퇴한 선으로 둘러싸인 수평투영면적으로 한다.

나. 건축물의 노대등의 바닥은 난간 등의 설치 여부에 관계없이 노대등의 면적(외벽의 중심선으로부터 노대등의 끝부분까지의 면적을 말한다)에서 노대등이 접한 가장 긴 외벽에 접한 길이에 1.5미터를 곱한 값을 뺀 면적을 바닥면적에 산입한다.

다. 필로티나 그 밖에 이와 비슷한 구조(벽면적의 2분의 1 이상이 그 층의 바닥면에서 위층 바닥 아래면까지 공간으로 된 것만 해당한다)의 부분은 그 부분이 공중의 통행이나 차량의 통행 또는 주차에 전용되는 경우와 공동주택의 경우에는 바닥면적에 산입하지 아니한다.

라. 승강기탑(옥상 출입용 승강장을 포함한다), 계단탑, 장식탑, 다락[층고(層高)가 1.5미터(경사진 형태의 지붕인 경우에는 1.8미터) 이하인 것만 해당한다], 건축물의 내부에 설치하는 냉방설비 배기장치 전용 설치공간(각 세대나 실별로 외부 공기에 직접 닿는 곳에 설치하는 경우로서 1제곱미터 이하로 한정한다), 건축물의 외부 또는 내부에 설치하는 굴뚝, 더스트 슈트, 설비덕트, 그 밖에 이와 비슷한 것과 옥상·옥외 또는 지하에 설치하는 물탱크, 기름탱크, 냉각탑, 정화조, 도시가스 정압기, 그 밖에 이와 비슷한 것을 설치하기 위한 구조물과 건축물 간에 화물의 이동에 이용되는 컨베이어벨트만을 설치하기 위한 구조물은 바닥면적에 산입하지 않는다.

마. 공동주택으로서 지상층에 설치한 기계실, 전기실, 어린이놀이터, 조경시설 및 생활폐기물 보관시설의 면적은 바닥면적에 산입하지 않는다.

바. 건축물을 리모델링하는 경우로서 미관 향상, 열의 손실 방지 등을 위하여 외벽에 부가하여 마감재 등을 설치하는 부분은 바닥면적에 산입하지 아니한다.

사. 어린이집의 비상구에 연결하여 설치하는 폭 2미터 이하의 영유아용 대피용 미끄럼대 또는 비상계단의 면적은 바닥면적에 산입하지 아니한다.

아. 장애인용 승강기, 장애인용 에스컬레이터, 휠체어리프트 또는 경사로는 바닥면적에 산입하지 아니한다.

자. 「가축전염병 예방법」 소독설비를 갖추기 위하여 설치하는 시설은 바닥면적에 산입하지 아니한다.

차. 「매장문화재 보호 및 조사에 관한 법률」 현지보존 및 이전보존을 위하여 매장문화재 보호 및 전시에 전용되는 부분은 바닥면적에 산입하지 아니한다.

카. 지하주차장의 경사로(지상층에서 지하 1층으로 내려가는 부분으로 한정한다)는 바닥면적에 산입하지 않는다.

4. 연면적

하나의 건축물 각 층의 바닥면적의 합계로 하되, 용적률을 산정할 때에는 다음 각 목에 해당하는 면적은 제외한다.

가. 지하층의 면적

나. 지상층의 주차용(해당 건축물의 부속용도인 경우만 해당한다)으로 쓰는 면적

다. 초고층 건축물과 준초고층 건축물에 설치하는 피난안전구역의 면적

라. 건축물의 경사지붕 아래에 설치하는 대피공간의 면적

5. 건축물의 높이

지표면으로부터 그 건축물의 상단까지의 높이[건축물의 1층 전체에 필로티가 설치되어 있는 경우에는 법 제60조(가로구역) 및 법 제61조 제2항(일조 확보 높이 제한)을 적용할 때 필로티의 층고를 제외한 높이]로 한다. 다만, 다음 각 목의 어느 하나에 해당하는 경우에는 각 목에서 정하는 바에 따른다.

가. 법 제60조(가로구역)에 따른 건축물의 높이는 전면도로의 중심선으로부터의 높이로 산정한다. 다만, 전면도로가 다음의 어느 하나에 해당하는 경우에는 그에 따라 산정한다.

   1) 건축물의 대지에 접하는 전면도로의 노면에 고저차가 있는 경우에는 그 건축물이 접하는 범위의 전면도로부분의 수평거리에 따라 가중평균한 높이의 수평면을 전면도로면으로 본다.

   2) 건축물의 대지의 지표면이 전면도로보다 높은 경우에는 그 고저차의 2분의 1의 높이만큼 올라온 위치에 그 전면도로의 면이 있는 것으로 본다.

나. 법 제61조(일조 확보 높이 제한)에 따른 건축물 높이를 산정할 때 건축물 대지의 지표면과 인접 대지의 지표면 간에 고저차가 있는 경우에는 그 지표면의 평균 수평면을 지표면으로 본다. 다만, 법 제61조 제2항(채광확보)에 따른 높이를 산정할 때 해당 대지가 인접 대지의 높이보다 낮은 경우에는 해당 대지의 지표면을 지표면으로 보고, 공동주택을 다른 용도와 복합하여 건축하는 경우에는 공동주택의 가장 낮은 부분을 그 건축물의 지표면으로 본다.

다. 건축물의 옥상에 설치되는 승강기탑·계단탑·망루·장식탑·옥탑 등으로서 그 수평투영면적의 합계가 해당 건축물 건축면적의 8분의 1(「주택법」 제15조 제1항에 따른 사업계획승인 대상인 공동주택 중 세대별 전용면적이 85제곱미터 이하인 경우에는 6분의 1) 이하인 경우로서 그 부분의 높이가 12미터를 넘는 경우에는 그 넘는 부분만 해당 건축물의 높이에 산입한다.

라. 지붕마루장식·굴뚝·방화벽의 옥상돌출부나 그 밖에 이와 비슷한 옥상돌출물과 난간벽(그 벽면적의 2분의 1 이상이 공간으로 되어 있는 것만 해당한다)은 그 건축물의 높이에 산입하지 아니한다.

6. 처마높이

지표면으로부터 건축물의 지붕틀 또는 이와 비슷한 수평재를 지지하는 벽 · 깔도리 또는 기둥의 상단까지의 높이로 한다.

7. 반자높이

방의 바닥면으로부터 반자까지의 높이로 한다. 다만, 한 방에서 반자높이가 다른 부분이 있는 경우에는 그 각 부분의 반자면적에 따라 가중평균한 높이로 한다.

8. 층고

방의 바닥구조체 윗면으로부터 위층 바닥구조체의 윗면까지의 높이로 한다. 다만, 한 방에서 층의 높이가 다른 부분이 있는 경우에는 그 각 부분 높이에 따른 면적에 따라 가중평균한 높이로 한다.

9. 층수

승강기탑(옥상 출입용 승강장을 포함한다), 계단탑, 망루, 장식탑, 옥탑, 그 밖에 이와 비슷한 건축물의 옥상 부분으로서 그 수평투영면적의 합계가 해당 건축물 건축면적의 8분의 1(공동주택 중 세대별 전용면적이 85제곱미터 이하인 경우에는 6분의 1) 이하인 것과 지하층은 건축물의 층수에 산입하지 아니하고, 층의 구분이 명확하지 아니한 건축물은 그 건축물의 높이 4미터마다 하나의 층으로 보고 그 층수를 산정하며, 건축물이 부분에 따라 그 층수가 다른 경우에는 그중 가장 많은 층수를 그 건축물의 층수로 본다.

10. 지하층의 지표면

지하층의 지표면은 각 층의 주위가 접하는 각 지표면 부분의 높이를 그 지표면 부분의 수평거리에 따라 가중평균한 높이의 수평면을 지표면으로 산정한다.

부동산등기법

CHAPTER 01 등기

표시·권리관계 기록 $\longrightarrow$ 등기소

토지표시	소유군	외권리
표제부	갑	을

〈동 순 별 접〉

주등기 = 독립된 순서번호

부기등기 = 기존 순번에 부가

주   부

소유권설정·이전   명의표시변경

전세로 설정   전세권 이전

① 누구든지 열람·발급가능(관할등기소 아니어도 가능)

등기부 — 토지(1필), 건물(1개)

(중앙관리소에 영구보존)

이해관계부분만 열람가능

② 부속서류

(도면·신탁원부·공동담보·전세목록·매매목록)

③ 신청서 및 그 밖의 부속서류 $\longrightarrow$ 명령·족탁·영장에 의해 반출가능

(신청서·매매계약서·주소증명정보·인감증명서…)

$\longrightarrow$ ①, ②, ③ 천재지변·전쟁시 반출가능

CHAPTER 02 등기소

→ 여러 지역이면 상급법원장 지정

부동산소재 | 지방법원 | · 지원 · 등기소

　　　　└→ 지방법원장이 지정 → | 등기관지정 |

　　　　　　　　　　① 접수번호에 따라 처리 + 부본자료작성

　　　　　　　　　　② 접수 시 효력발생 → 등기필정보교부

　　　　　　　　　　　(전산정보처리조직 저장 시)

　　　　　　　　　　③ 자기 · 배우자 · 4촌 이내 친족이 등기신청인

　　　　　　　　　　　인 경우

　　　　　　　　　　　(배우자관계 끝 포함)

　　　　　　　　　　　→ 등기소 소유권 신청한 성년자 2명 참여

　　　　　　　　　　　　필요

* 대법원장

　① 등기사무 위임 · 정지가능

┌ ② 복구 · 손상방지 명령가능

└ ③ 부속서류 손상 · 멸실 방지처분 명령가능

└→ 법원행정처장 / 지방법원장 ─ 위임가능

* 중복등기는 어느 하나 폐쇄 → 폐쇄등기기록 부활신청가능

　〈중복등기기록 정리는 실체의 권리관계에 영향을 미치지 않는다.〉

CHAPTER 03 등기절차

당사자신청 또는 관공서촉탁 ┌ 1건당 1개 부동산 ┐ 목적·원인 동일시
                           └ 신청정보 제공   ┘ 일괄제공가능

공동신청 원칙 ┌ 등기소출석(신청인·대리인) ✚ 신청정보·첨부정보제출 ┐
               └ 전산정보처리조직에 신청정보 및 첨부정보 보내   ┘
                                    → (법원행정처장이 지정하는
                                       등기유형에 한정)

(각하) ⟨보정명한 다음날까지 미보정 시 각하⟩

1. 등기소 관할 ✕   2. 등기대상 ✕   3. 신청권한 ✕
4. 부동산 / 등기목적 권리 표시가 등기기록과 일치 ✕
5. 등기의무자와 등기기록일치 ✕

단독신청

1. 등기명의인 : 보존등기·말소 / 부동산표시 변경·경정
                         등기명의인 표시의 변경·경정
2. 권리자 : 상속·법인합병 / 그밖에 포괄승계 / 수용등기
3. 권리 / 의무자 : 법원판결·공유물분할판결
4. 수탁자 : 부동산신탁 / 재신탁

┌ * 종중·문중 법인 아닌 사단·재단 ─→ 사단·재단 명의(등기권리/의무자)
│   (대표자·관리인이 신청)
└ * 채권자 대위신청   ─→ 채권자신청(채무자 대위하여 등기신청)
  * 등기원인 후 상속·포괄승계   ─→ 상속인·포괄승계인

경정

① 착오·누락 시 지체 없이 권리/의무자에게 알려

                   (다수이면 1인)

② 등기관 잘못인 경우

　　직권정정 - 제3자 있는 경우 승낙 필요

　　　　　　　→ 등기권리자·의무자·명의인에게 통지

③ 채권자 대위 등기 시 채권자에게 통지

---

* 등기 마치면 신청인에게 알려

* 행정구역·명칭 변경 시 등기기록에 기록된 구역·명칭에 대하여 변경등기가 있는 것으로 본다.

---

* 등기사항 많아 취급 불편하면 현재 효력 있는 등기만 새로운 등기기록에 옮겨 기록 가능

---

* 등기신청 취하는 등기관이 등기 마치기 전까지 가능

CHAPTER 04 토지표시에 관한 등기

I. 표시등기사항

표시번호·접수연월일·소재·지번·지목·면적 등기원인

2020.1.1. 관악동 101 대 100㎡

2. 변경(분할·합병) / 멸실 → 등기명의인 1개월 내 신청해

(표제부 등기사항 변경)

3. 지적공부 ≠ 등기 불일치 소관청 통지 시 1개월 내

등기명의인 신청 없으면 직권변경등기 → 명의인/소관청에 통지

4. 합필제한(아래 외 권리 있으면 합필 ×) → 등기각하 시 소관청에 지체 없이 통보해

┌ 소유권·지상권·전세권·임차권·승역지(편익제공지)에 하는 지역권 〈이용관련〉
│ 저당권(등기원인·연월일·접수번호 동일) ≒ 공동저당권
└ 신탁등기(신탁내용 동일)

5. 합필특례

① 합필등기 전에 소유권 이전 시 합병 후 공유로 하는 합필등기 가능
② 합필등기 전에 합필등기 제한 권리 설정 시
　　→ 합필 후 지분조건 합필등기 신청가능
　　→ 요역지에 하는 등기는 합필 후 토지 전체 위한 지역권으로 하는 합필등기 가능

CHAPTER 05 건물표시 등기

Ⅰ. 등기사항

표시번호/접수연월일/소재·지번·건물번호(1개동만 있는 경우는 ×)

건물종류·구조·면적·부속건물 / 등기원인·도면번호(여러 개 건물/구분건물 시)

(주택) (철콘)　　　(창고 등)

* 구분건물인 경우

(목동Ⓐ)　　(101동)

┌─ 1동 건물의 표제부 → 소재·지번·건물명칭 및 번호기재

　　　　　　　　　　　　＋ 대지권 목적인 토지의 표시기록(소재·지번·지목·면적)

└─ 전유부분 표제부 → 건물번호 기재(동·호수)

　　　　　　　　　　　＋ 대지권 표시사항기록(대지권종류·대지권비율)

　　　　　　　　　　　　　　　　　　↳〈소유권·대지권〉↳ (33/101)

* 등기관은 대지권 등기를 하였을 때에는 대지권 목적인 토지 등기기록에 소유권·지상권·
전세권·임차권이 대지권이라는 뜻 기록해야 해

2. 변경(분할·합병·구분) ┐
등기사항변경　　　　　　　└─→ 등기명의인은 1개월 내 변경등기신청

3. 구분건물

① 표시등기만 있는 경우 → 지적공부 최초 등록자

　　　　　　　　　　　　　　판결 / 수용

　　　　　　　　　　　　　　특도·시·군·구 확인자 ┐
　　　　　　　　　　　　　　　　　　　　　　　　├→ 등기신청
　　　　　　　　　　　　　　(건물로 한정) ┘

② 대기권 변경 / 소멸 시 → 다른 구분건물 소유권 대위등기 가능

③ 1동 표제부 등기기록 변경등기는 다른 구분소유자에게도 효력 有

4. 합필제한(아래 권리 외 등기 ×) → 각하 시 지체 없이 소관청에 통보

① 소유권·전세권·임차권

② 공동저당

③ 신탁등기

5. 멸실등기 → 1개월 내 등기명의인 신청해

　　　　　　 → 신청 없으면 토지소유자가 대위신청

　　　　　✚ 구분건물로서 1동 전부 멸실된 경우

　　　　　　 다른 소유자 대위하여 1동 멸실등기 신청가능

6. 건물부존재 → ★★지체 없이 등기명의인 신청해(멸실등기 신청)

　　　　　　　 → 신청 없으면 대지소유자가 대위신청

　　　　　✚ 구분건물인 경우 다른 소유자 대위신청가능

7. 이해관계인 있는 건물의 멸실

　→ 소유권 외 권리설정된 건물 멸실등기신청시 권리 명의인에게 1개월 내 이의진술 없으면 멸실
　　등기 한다는 뜻 통지

　　단, 대장에 멸실 뜻이 기록되어 있거나 소유권 외 권리등기 명의인이 동의한 경우는 제외

CHAPTER 06 구분건물 표시 등기

* 1동 중 일부만의 소유권보존등기 신청 시 나머지 구분건물 표시에 관한 등기를 동시에 신청해야 한다. ✚ 대위신청가능

* 일반건물에 접속하여 구분건물 신축 시 소유권보존등기 신청 시 일반건물을 구분건물로 변경하는 표시변경등기 동시에 신청해 ✚ 대위신청가능

* <u>규약상 공용부분</u> ⟶ 소유권의 등기명의인이 신청(소유권의 권리자 있으면 동의 필요)
  ⟶ <u>규약 폐지 시</u> 공용부분취득자는 지체 없이 <u>소유권보존등기 신청해</u>

CHAPTER 07 본등기 · 가등기

권리의 보존 · 이전 · 설정 · 변경 · 소멸 설정

⇩

청구권 보전 : 가등기

⇩ (가등기의무자 승낙 또는 법원가처분 명령 시 단복신청가능)

✚ 가등기명의 명의안은 단독말소신청가능

가등기에 기한 본등기의 순위는 가등기에 따른다.

※ 가등기 이후 설정된 등기 중 가등기에 의해 보전되는 권리를 침해하는 등기는
직권말소

CHAPTER 08 이의신청 – 집행정지효력 ×

등기관의 결정·처분에 대해 <u>지방법원에 이의신청</u>(등기소에 이의신청서 제출하는 방법)

                            └, 비송사건절차법상 항고가능

새로운 사실·새로운 증거방법을 근거로 신청 ×

      ┌ 1. 이의인정 시 해당처분 / 불인정시 3일 내 지방법원 송부
      └ 2. 등기완료 후에는 3일내 지방법원 송부

      ⟶ 지방법원은 이유 붙인 결정
      ⟶ 비송사건절차법에 따라 항고 가능

CHAPTER 09 부록

I. 부동산등기법 "권리에 관한 등기" 요약

제1관 통칙

1. 등기기본사항

갑구 을구(을구는 기재사항 없으면 두지 않을 수 있다)

① 순위번호 / 접수번호 + 접수연월일

② 등기목적 / 등기원인 + 연월일

③ 권리자(성명, 명칭, 주민등록번호 또는 부동산등기용등록번호 + 주소/사무소소재지)

　(권리자 2인 이상 시 지분기록)

　(합유인 때에는 그 뜻을 기록해)

** 부동산등기용등록번호 부여절차

1. 국가·지방자치단체·국제기관 및 외국정부 : 국이 지정·고시

2. 주민등록번호가 없는 재외국민 : 대법원 소재지 등기관이 부여

　법인 등록번호 : 주된 사무소 소재지 관할 등기관이 부여

3. 법인 아닌 사단이나 재단 : 시장, 군수, 구청장이 부여

　국내에 영업소나 사무소의 설치 등기를 하지 아니한 외국법인 : 시장, 군수, 구청장

4. 외국인의 등록번호 : 체류지 관할 지방출입국/외국인관서 장이 부여

　(국내 체류지가 없는 경우는 대법원 소재지)

　법인 아닌 사단이나 재단 → 대표자나 관리인의 성명, 주소 및 주민등록번호 함께 기록해

2. 등기필정보

등기권리자에게 통지해. 다만, 원하지 않거나, 권리자가 국가/지단인 경우는 제외

등기의무자는 공동신청 및 단독신청 시 등기필정보를 등기소에 제공해

등기필정보 없으면 등기의무자/법정대리인이 등시고에 출석하여 등기의무자 확인 받아야 해(등기필정보는 일련번호와 비밀번호로 구성 + 부동산 및 등기명의인별로 작성)

3. 부기로 하는 등기

① 등기명의인표시의 변경이나 경정의 등기
② 소유권 외의 권리의 이전등기
③ 소유권 외의 권리를 목적으로 하는 권리에 관한 등기
④ 소유권 외의 권리에 대한 처분제한 등기
⑤ 권리의 변경이나 경정의 등기(이해관계 있는 제3자의 승낙이 없는 경우에는 제외)
⑥ 환매특약등기(매수인 지급 대금 + 매매비용 + 환매기간(등기원인에 그 사항이 정하여져 있는 경우에만 기록))
⑦ 권리소멸약정등기
⑧ 공유물 분할금지의 약정등기
⑨ 그 밖에 대법원규칙으로 정하는 등기

* 주등기 및 부기등기

구분	주등기	부기등기
보존/설정등기	1. 소유권 보존등기 2. 소유권 목적 각종 권리의 설정등기 (전세권, 지상권설정등기 등)	1. 소유권 외의 권리를 목적으로 하는 권리의 설정등기(전세권 목적 저당권 설정등기, 전전세권등기 등) 2. 저당권부권리질권등기
이전등기	소유권 이전등기	소유권 외의 권리의 이전등기 (저당권, 전세권 이전등기 등)
처분제한등기 (가압류, 가처분)	소유권에 대한 처분제한등기 (가압류, 가처분, 경매)	소유권 외의 권리에 대한 처분제한등기 (전세권에 대한 가압류등기 등)
변경/경정등기	1. 부동산표시변경등기 2. 권리변경 등기 시 이해관계인의 승낙정보를 제공하지 않은 경우	1. 등기명의인표시변경등기 2. 권리변경등기 시 이해관계인의 승낙정보를 제공한 경우
말소등기	주등기로 실행	–
말소회복등기	전부 말소회복등기	일부 말소회복등기
기타	1. 대지권의 등기 2. 대지권이 있는 뜻의 등기 3. 토지에 관하여 별도 등기가 있다는 뜻의 등기	1. 가등기상 권리의 이전등기 2. 환매특약등기 3. 권리소멸의 약정등기 4. 공유물분할금지의 약정등기

4. 직권에 의한 등기의 말소

등기 후 "등기소 관할이 아닌 경우 / 등기할 것이 아닌 경우"에는 등기권리자, 등기의무자, 이해관계 있는 제3자에게 1개월 내 의견 없으면 말소한다는 뜻 통지 → 의견진술 없으면 직권으로 말소해

5. 대지사용권의 취득

구분건물을 신축한 자가 대지사용권을 가지고 있는 경우에 대지권에 관한 등기를 하지 아니하고 구분건물에 관하여만 소유권이전등기를 마쳤을 때에는 현재의 구분건물의 소유명의인과 공동으로 대지사용권에 관한 이전등기를 신청할 수 있다.

6. 소유권변경 사실의 통지

소유권의 보존 또는 이전 + 변경 또는 경정 + 말소 또는 말소회복 / 등기명의인표시의 변경 또는 경정 시 지체 없이 그 사실을 토지는 지적소관청, 건물은 건축물대장 소관청에 각각 알려야 해

7. 과세자료의 제공

등기관이 소유권의 보존 또는 이전의 등기[가등기 포함]를 하였을 때에는 지체 없이 그 사실을 부동산 소재지 관할 세무서장에게 통지하여야 한다.

제2관 소유권에 관한 등기

1. 소유권 등기

① 소유권 보존등기 시에는 등기원인과 그 연월일 기록 ×

② 소유권 일부이전 시 지분 기록해

③ 거래가액 기록해

2. 미등기 토지 / 건물에 관한 소유권보존등기 신청인

① 토지대장, 임야대장 또는 건축물대장 최초 소유자 등록된 자 / 상속인 / 포괄승계인

② 확정판결로 소유권 증명자

③ 수용취득

④ 특별자치도지사, 시장, 군수 또는 구청장(자치구)의 소유권 확인자(건물 경우로 한정)

3. 미등기부동산의 처분제한의 등기와 직권 보존등기

법원 촉탁으로 처분제한 등기하는 경우 직권으로 소유권보존등기 가능

+ 처분제한 등기 명하는 판결에 따라 등기한다는 뜻을 기록해

제3관 용익권(用益權)에 관한 등기

1. 지상권의 등기사항

등기기본사항 + ③~⑤는 약정이 있는 경우만

① 지상권설정의 목적

② 범위

③ 존속기간

④ 지료와 지급시기

⑤ 「민법」 제289조의2 제1항 후단의 약정

⑥ 지상권설정의 범위가 토지의 일부인 경우에는 그 부분을 표시한 도면의 번호

2. 지역권의 등기사항

등기기본사항 ①, ② + ④는 약정이 있는 경우만

① 지역권설정의 목적

② 범위

③ 요역지

④ 지역권 관련 약정

⑤ 승역지의 일부에 지역권설정의 등기를 할 때에는 그 부분을 표시한 도면의 번호

3. 요역지지역권의 직권 등기사항(요역지가 다른 등기소 관할인 경우에는 통지해)

① 순위번호

② 등기목적

③ 승역지

④ 지역권설정의 목적

⑤ 범위

⑥ 등기연월일

4. 전세권(전전세) 등의 등기사항

등기기본사항 + ③부터 ⑤까지는 약정이 있는 경우만

① 전세금 또는 전전세금

② 범위

③ 존속기간

④ 위약금 또는 배상금

⑤ 전세권의 양도, 임대 금지 약정
⑥ 전세권설정이나 전전세의 범위가 부동산의 일부인 경우에는 그 부분을 표시한 도면의 번호

* 여러 부동산에 관한 권리를 목적으로 하는 전세권설정 등기는 공동저당의 등기 준용

5. 전세금반환채권의 일부양도에 따른 전세권 일부이전등기(양도액도 함께 기록)

전세권의 존속기간의 만료 전에는 할 수 없다. 다만, 해당 전세권 소멸을 증명하여 신청하는 경우에는 가능

6. 임차권 등의 등기사항(설정 또는 전대)

등기기본사항 다만 ③부터 ⑥까지는 그 사항이 있는 경우만 기록
① 차임(借賃)
② 범위
③ 차임지급시기
④ 존속기간. 다만, 처분능력 또는 처분권한 없는 임대인에 의한 「민법」 제619조의 단기임대차인 경우에는 그 뜻도 기록한다.
⑤ 임차보증금
⑥ 임차권의 양도 또는 임차물의 전대에 대한 임대인의 동의
⑦ 임차권설정 또는 임차물전대의 범위가 부동산의 일부인 때에는 그 부분을 표시한 도면의 번호

제4관 담보권에 관한 등기

1. 저당권의 등기사항

* 등기기본사항 + ③부터 ⑧까지는 약정이 있는 경우만
① 채권액
② 채무자의 성명 또는 명칭과 주소 또는 사무소 소재지
③ 변제기(辨濟期)
④ 이자 및 그 발생기·지급시기
⑤ 원본(元本) 또는 이자의 지급장소
⑥ 채무불이행(債務不履行)으로 인한 손해배상에 관한 약정
⑦ 「민법」 제358조 단서의 약정(저당권 효력은 부합물과 종물에 미친나 법률규정 또는 다른 약정 시는 제외)
⑧ 채권의 조건

* 근저당권(根抵當權)인 경우에는 등기기본사항 + ③ 및 ④는 약정이 있는 경우만

① 채권의 최고액

② 채무자의 성명 또는 명칭과 주소 또는 사무소 소재지

③ 「민법」 제358조 단서의 약정

④ 존속기간

2. 저당권부채권에 대한 질권 등의 등기사항

(동산채권 담보법상 채권담보권 등기 동일)

등기기본사항 +

① 채권액 또는 채권최고액

② 채무자의 성명 또는 명칭과 주소 또는 사무소 소재지

③ 변제기와 이자의 약정이 있는 경우에는 그 내용

3. 피담보채권이 금액을 목적으로 하지 아니하는 경우에는 채권 평가액을 기록해

4. 공동저당의 등기

(공동저당 뜻 기록 + 부동산이 5개 이상 시 공동담보목록 작성해)

5. 채권일부의 양도 또는 대위변제로 인한 저당권 일부이전등기의 등기사항

등기기본사항 + 양도액 또는 변제액 기록해

6. 공동저당의 대위등기

등기기본사항 +

① 매각 부동산(소유권 외의 권리가 저당권의 목적일 때에는 그 권리를 말한다)

② 매각대금

③ 선순위 저당권자가 변제받은 금액

④ 채권액과 채무자

08

동산 · 채권 등의 담보에 관한 법률

CHAPTER 01 동산담보권

I. 기본개념 등

동산담보권   약정에 따라 등기한 담보권[5년 초과 ×, 5년 내 갱신가능(만료 전에 연장 등기)]

→ 연장취지, 연장 후 존속기간, 접수번호 및 연월일 기록

담보범위   원본, 이자 위약금, 실행비용, 보존비용, 채무불이행 및 목적물 흠으로 인한 손해배상 청구권

우선변제권   종물/부합물에도 미침

피담보채권과 담보권 분리처분 ×

불가분성(채권변제전까지 행사가능)

과실수취권(압류, 인도청구 후부터)

물상대위(압류필수)

담보권행사로 전부변제 안되면 일반재산에 대한 변제 가능

비용상환청구권(제3자가 보존/개량을 위한 필요비/유익비 지출 시)

기본개념   담보권설정자 : 담보권을 설정한 자 → 동산/채권인 경우는 법인 및 상호등기한 사람

┌ 소유여부 및 다른 권리유무를 상대방에게 명시해야 한다.

├ 담보물 조사 거부 ×, 담보권자는 표식부착 가능

└ 사업자등록증 말소는 담보권 효력에 영향 ×

담보권자 : 담보권을 취득한 자 ┌ 반환청구권(설정자 및 자기에게 목적물 반환청구)
                              ├ 방해제거청구권
                              └ 방해예방청구권

채무자등 : 채무자, 목적물의 물상보증인 및 제3취득자

이해관계인 : 채무자 등, 압류 및 가압류 채권자,
             집행력 있는 정본에 의하여 배당을 요구한 채권자
             목적물에 대한 권리자로서 등기부에 기록되어 있거나 그 권리를 증명한 자

질권 : 물건/권리 등 담보로 돈 빌리는 것
        동산질권/ 권리질권(주식, 채권, 특허권 등)

간이인도 : 매수인이 이미 가지고 있는 경우 현실인도 없는 경우

점유개정 : 매도 후 매도인이 계속하여 점유하는 경우

┌─────┐
│ 대상 │
└─────┘

동산   종류/수량/장소 특정 시 여러 개 가능
          장래취득예정 포함

대상 ✕ ┌ 선박, 건설기계, 자동차, 항공기
        │ 공장 및 광업재단 저당법 상 기업재산
        │ 등기 등록된 동산
        │
        │ 화물상환증, 선하증권, 창고증권 작성된 동산
        │
        │ 무기명채권증서
        │ 유동화증권
        └ 자본시장과 금융투자업법 증권

2. 등기신청 및 절차

등기 (등기 시 접수한 때부터 효력발생)

담보등기부 전산정보처리장치에 입력된 전산정보자료를 담보권설정자별로 저장한 보조기억장치

담보등기 약정취소, 해제, 효력상실 / 동산멸실, 채권소멸, 담보권 소멸시 담보권설정자는 말소등기 신청가능

등기사무 등기관이 접수번호 순서에 따라 처리(전산정보처리조직에 등기사항 기록) + 식별가능 조치(식별부호기록)
신청정보가 전산정보처리조직에 전자적으로 기록된 때 접수된 것으로 본다.

┌ 대법원장이 지정고시하는 지방법원/지원/등기소에서 취급
│ ⟶ 법인(본점, 주된 사무소 소재지), 사업자등록(영업소 소재지)
└ 대법원장은 등기사무를 다른 등기소에 위임 가능

등기신청 (공동신청 원칙 : 방문신청/전자신청)

단독가능　　등기명의인 표시변경/경정등기 ⟶ 등기명의인 단독
　　　　　　　판결 승소자 ⟶ 등기권리자 또는 의무자
　　　　　　　상속/포괄승계인 ⟶ 권리자 단독

* 등기필정보 권리자에게 통지(최초 설정 시는 설정자에게도 통지)
* 최초 신청 시에는 신청서에 등기필정보는 기재하지 않는다.

오산, 오기 시 경정신청 가능

상호, 명칭, 본점/주된사무소/영업소(상호 등) 변경 시 등기관 직권 변경가능
　└▶ 법인/사업자등록 담당 등기관은 담보등기 등기관에게 지체 없이 통보해

각하사유 (당일 보정 시는 각하 ×)

등기소 관할 아닌 경우
등기할 사건 아닌 경우
무권한자 신청 시
당사자/대리인 출석 없는 방문신청
신청서가 대법원규칙 방식 불일치 시
신청서 기록사항과 첨부서면 불일치 시
필요서면 첨부 안 된 경우
신청내용 담보등기부 기록사항과 불일치 시
수수료 미납 시
신청과 관련된 의무사항 미이행 시

등기부 작성 및 기록사항

1. 설정자의 상호, 명칭
   법인 : 본점 또는 주된 사무소 및 법인 등록번호
   사업자등록 : 성명, 주소, 주민등록번호 및 영업소
2. 채무자의 성명과 주소(법인인 경우에는 상호 또는 명칭 및 본점 또는 주된 사무소를 말한다.)
3. 담보권자의 성명, 주소 및 주민등록번호(법인인 경우에는 상호 또는 명칭, 본점 또는 주된 사무소 및 법인등록번호를 말한다.)
4. 담보권설정자나 채무자 또는 담보권자가 외국법인인 경우 국내의 영업소 또는 사무소 다만, 국내에 영업소 또는 사무소가 없는 경우에는 대법원규칙으로 정하는 사항
5. 담보등기의 등기원인 및 그 연월일
6. 담보등기의 목적물인 동산, 채권을 특정하는 데 필요한 사항으로서 대법원규칙으로 정한 사항
7. 피담보채권액 또는 그 최고액
8. 약정사항
9. 담보권의 존속기간
10. 접수번호

11. 접수연월일

> 말소등기 기록사항
>
> 말소취지(+ 일부말소 시 말소대상)
> 등기원인 및 연월일
> 접수번호 및 연월일

3. 담보권 실행 등 : 담보권자는 목적물 유치가능(선순위권리자에게 대항 ✕)

필요시 인도청구가능

선관주의 관리 + 과실수취 시 우선변제충당 가능(과실 아닌

경우는 경매/직접변제/매각가능)

* 이해관계인은 법인등기/사업자등록 법원에 실행중지/가처분신청가능

　1. 법원은 이해관계인에게 담보제공 또는 담보 없이 집행일시정지 가능

　2. 법원은 설정자에게 담보제공하게 한 후, 집행계속 명하는 잠정처분

　　가능

> 담보권 실행방법

경매(압류에 의해 개시) → 이해관계인은 이의신청 가능

직접변제 : 변제기 도래 후

　　　　채무자 등/ 이해관계인에게 통지

통지사항

1. 채권금액(선순위 담보채권포함)

2. 목적물평가액/예상매각대금

3. 직접변제/매각 이유

　청산금 없는 경우 그 뜻을 밝혀

　여러 개인 경우 비례하여 소멸

　시키려는 채권/비용 밝혀

✦ 당사자는 법 외의 방법으로 약정 가능

1. 다른 방법으로 실행절차 약정가능

　(이해관계인 권리침해 ✕)

2. 직접변제 등 절차에서 통지 없거나,

　1개월 경과 전에 통지 없이 직접변제

　등 가능하게 하는 약정은 효력 ✕

통지 1개월 후 직접변제 / 매각 가능(대항할 수 없는 권리 소멸)
   └→ 멸실, 훼손 염려, 가치급속감소 우려 시는 예외

— 아래 기간까지 경매 개시된 경우에는 직접변제 등 중지 !!
   직접변제 : 청산금 지급 전 또는 청산금 0인 경우는 통지 후 1개월 경과 전
   매각 : 제3자와 매매계약 체결 전

* 상기 기간 내 후순위권리자는 경매청구가능
   변제기 도과 전에는 통지 후 1개월 전 기간에만 경매청구 가능

** 상기 기간 내 채무자 등은 채무금액 지급하고 등기말소 청구가능
   담보권자는 동산담보권 실행 중지하고 손해발생 시 설정자는 배상해

*** 담보권자는 매각대금에 압류, 가압류 또는 권리주장자 있으면
   법인등기/사업자등록 법원에 전부/일부 공탁 가능
                      └→ (이해관계인 / 권리주장자에게 통지)
공탁 시 채무자 등의 공탁금 출금청구권이 압류/가압류된 것으로 본다.

[효과]

약정에 따른 동산담보권의 득실변경(得失變更)은 담보등기부에 등기를 하여야 그 효력이 생긴다.

동일한 동산에 설정된 동산담보권의 순위는 등기의 순서에 따른다.

동일한 동산에 관하여 담보등기부의 등기와 인도(「민법」에 규정된 간이인도, 점유개정, 목적물반환청구권의 양도를 포함한다)가 행하여진 경우에 그에 따른 권리 사이의 순위는 법률에 다른 규정이 없으면 그 선후(先後)에 따른다.

배당

여러 개인 경우   동시배당 : 매각대금 비례안분
                    이시배당 : 목적물 중 일부 매각대금 먼저 배당 시 전부변제가능
                              후순위권리자는 다른 목적물에 대해서 선순위자 권리 대
                              위 행사 가능

직접변제 등 방법에 의할 때 각 목적물의 매각대금 정할 수 없다면 평가액/예상가액으로 비
례안분

선의취득 민법 249-251, 331, 369 준용

4. 열람 및 이의신청 등

열람 누구든지 수수료 내고 전부/일부 발급/열람가능
      신청서나 그 밖의 부속서류 열람은 등기관 보는 앞에서 이해관계 있는 부분만 열람
      가능

이의신청

등기관의 결정/처분 → 관할 지방법원에 이의신청(집행정지 효력 ✕)
                        → 이의신청서는 등기소에 제출
                          ┌ 1. 이의인정 시 해당처분 / 불인정시 3일 내 지방법원 송부
                          └ 2. 등기완료 후에는 3일 내 지방법원 송부
                              ┌ 제3자 신청 시는 권리자, 의무자에게 통지
                              └ 권리자, 의무자 중 한 쪽이 신청 시는 상대방에 통지
                          → 지방법원은 이유 붙인 결정
                          → 비송사건절차법에 따라 항고 가능

등기필정보 안정확보   등기관은 등기필정보 누설, 멸실, 훼손방지 등 조치해

1. 등기관 / 등가사무종사자 / 그 직에 있던 자는 작성 / 관리에 관한 비밀누설 ×

2. 불실등기 목적으로 등기필정보 취득 또는 제공 ×

벌칙   (2년 이하 징역 및 1천만원 이하 벌금)

상기 1, 2

+ 부정취득 정보를 불실등기 목적으로 보관한 사람

CHAPTER 02 채권담보권

금전지급목적 지명채권

여러 개 가능   채무자 불문

장래발생예정 포함   종류, 발생원인, 발생연월일 특정가능 필요

등기 시 지명채권의 채무자(제3채무자) 외의 제3자에게 대항할 수 있다.

등기 시 제3채무자 외 제3자에게 대항가능

등기사항증명서를 건네주는 방법으로 통지하거나 승낙 없으면 제3채무자에게 대항 ✕

실행

1. 담보권자는 피담보채권 한도 내에서 채권 직접 청구가능

    + 변제기 우선 도과 시는 지명채권 채무자(제3채무자)에게 공탁청구 가능

2. 민사집행법상 집행방법

등기의 효력

약정에 따른 채권담보권의 득실변경은 담보등기부에 등기한 때에 지명채권의 채무자("제3채무자") 외의 제3자에게 대항할 수 있다.

담보권자 또는 담보권설정자(채권담보권 양도의 경우에는 그 양도인 또는 양수인을 말한다.)는 제3채무자에게 등기사항증명서를 건네주는 방법으로 그 사실을 통지하거나 제3채무자가 이를 승낙하지 아니하면 제3채무자에게 대항하지 못한다.

동일한 채권에 관하여 담보등기부의 등기와 통지 또는 승낙이 있는 경우에 담보권자 또는 담보의 목적인 채권의 양수인은 법률에 다른 규정이 없으면 제3채무자 외의 제3자에게 등기와 그 통지의 도달 또는 승낙의 선후에 따라 그 권리를 주장할 수 있다.

CHAPTER 03 지식재산권

특허권, 실용신안권 등(질권설정 가능 경우로 한정)
개별법상 등록된 경우 가능

특허원부 등 공적장부에 담보권 등록 가능
2개 이상 설정 시에는 관장기관 동일해야 함
개별법률에 따라 담보권 실행가능

효과 :
공적장부 등록 시 질권의 득실변경을 등록한 것과 동일 효력 발생
동산담보법과 개별법상 질권등록 시 그 선후에 따른다.

도시 및 주거환경 정비법

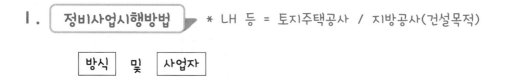

CHAPTER 01 정비사업의 시행방법

Ⅰ. 정비사업시행방법 ➤ ＊ LH 등 = 토지주택공사 / 지방공사(건설목적)

방식 및 사업자

Ⅰ. 주거환경정비사업

① 자기개량방식 : 시장군수 등 or LH 등 지정가능(공람공고일 현재 과반수 동의 필요)

② 수용(주택·대지공급) ┐

③ 환지

④ 관리처분 ┌ 주택

           ├ 부대시설

           └ 복리시설

┌ ① 시장군수 등(특·특·시·군·구) 직접 시행 ┐

② or 지정자 가능(LH 등/국가·지단 LH 등·

  공공기관이 50% 초과하여 출자한 법인)

└ ③ or "지정자 + 건설업자 or 등록사업자" 공동 ┘

✚ ┌ ① ~ ④ 모든 경우에 시장군수 등은

    천재지변·건물붕괴 우려 등 사유시 소유자/세입자

    └ 동의 없이 직접 또는 토지주택공사 등 지정하여 사업가능

②~④의 경우

★ 공람공고일 현재 토지 등 소유자 2/3 이상 동의와 <u>세입자</u> 세대의 과반수 동의 필요

                              (공람공고 3개월 전부터 3개월 이상 거주한

                              세입자)

  단 ⅰ) 세입자가 토지등소유자 1/2 이하인 경우

     ⅱ) 임대주택 건설 필요 없다고 시·도지사 인정 시

     ⅲ) ①, ③, ④ 방식으로 사업시행하는 경우는 동의 ✕

2. 재개발

① 관리처분(건축물공급)   ① 조합시행

② 환지   ② 공동시행(과반수 동의 필요) "시장군수 등, LH 등,
　　　　　　　　　　건설업자, 등록사업자, 신탁업자, 한국부동산원"

③ 20인 미만 경우 소유자 등 시행 or
　　　　공동시행(과반수 동의)

3. 재건축

관리처분 ┌ 주택/부대시설
　　　　 └ 복리시설 ┘ + 오피스텔(전체 연면적의 30% 이내)
　　　　　　　　　　　　　　　(상업지역 · 준주거지역만 가능)

① 조합시행
② 공동시행(과반수 동의) "시장군수 등, LH 등, 건설업자, 등록사업자"

➡ ✚ 공공시행자, 지정개발자, 사업대행자

I. 재개발 · 재건축 공공시행자

(사업자 지정고시 *다음날 조합설립추진위원회 ┐ 취소 간주)
　　　　　　　　　　　　　　조합 　　　　 ┘

시장 · 군수 등 직접 / LH 등 지정
① 천재지변 등 긴급필요 인정 시
② 국공유지 면적이 전체 1/2 이상
　+ 토등소 과반수 동의
③ 토지면적 1/2 이상, 토등소 2/3 이상 요청 시
④ 순환정비방식 필요 인정 시
⑤ 정비사업시행 예정일부터 2년 내 사업시행계획인가 신청 × 또는 신청한 내용이 위법 또는 부당 시(재건축사업 제외)

⑥ 추진위원회가 3년 내 조합설립인가 신청 × 또는 조합설립인가를 받은 날부터 3년 내에
　 사업시행계획인가 신청 ×

⑦ 지방자치단체의 장이 도시·군계획사업과 병행하여 정비사업을 시행할 필요 인정 시

⑧ 사업시행계획인가가 취소된 때

2. 재개발·재건축 지정개발자

(사업자 지정고시 ★다음날 조합설립추진위원회 ┐ 취소 간주)
**　　　　　　　　　　　　　　　　　조합　　　 ┘**

시장·군수 등이 토등소·민관합동법인·신탁업자 **지정**

①·② + 조합설립을 위한 동의 요건 이상자가 신탁업자 지정 동의 시

3. 재개발·재건축 사업대행자

시장·군수 등 직접 또는 토지주택공사 등·지정개발자에게 대신 수행하게 한다.

① 장기간 사업지연/분쟁 등 사업진행 어려운 경우

② 토등소(조합원) 과반수 동의로 요청하는 경우

II. 　안전진단 ▶

[재건축사업 정비계획 입안을 위함]

입안권자(특특시군구)가 ⟶ ★특광도에게 보고서 제출

정비계획 수립시기 도래 시 함

　　┌─ 요청 시　30일 내에 실시여부 통보해
　　│　　(요청자에게 비용부담 가능)
　　│　　(공동주택이 노후·불량건축물 아님 명백 시는 ×)
　　▼

토지등소유자 1/10 이상 동의 필요

① 정비계획 입안을 제한하려는 자가 입안하기 전에 요청

② 정비예정구역을 지정하지 않은 지역에서 재건축사업하려는 경우

③ 내진성능이 확보되지 않은 건축물의 소유자가 재건축사업하려는 경우

절차

① 현지조사(입안권자) → ① 한국건설기술연구원
                      ② 국토안전관리원 의뢰가능 ⎤ 20일 내 결과제출

② 안전진단의뢰(① 한국건설기술연구원 / ② 국토안전관리원 / ③ 안전진단 전문기관)
③ 특광도에게 보고서 제출(필요시 적정성 검토 가능 ①, ②에게)
                              └→ 요청자가   └→ (60일 + 30일 내
                                 비용부담   결과제출)
   ⑦은 필요시 적정성 검토 요청 가능
④ 시도지사는 검토결과에 따라 입안결정 취소 등 요청가능
   → 입안권자는 특별한 사유 없으면 요청에 따라

안전진단 제외

① 천재지변 등으로 주택이 붕괴되어 신속히 재건축 추진 필요 인정
② 주택의 구조안전상 사용금지가 필요함을 정비계획 입안권자가 인정 시
③ 노후·불량건축물 수에 관한 기준이 충족된 잔여건축물
★ ④ 진입도로 등 기반시설 설치를 위하여 입안권자가 인정하는 건축물
⑤ 안전등급 E(불량)·D(미흡)건축물

CHAPTER 02 기본계획의 수립 및 정비구역의 지정

01 절 정비사업절차

Ⅰ. 정비사업절차

1. 기본방침 ——— **2. 기본계획**

┌ 기본방향/세입자주거안정대책
├ 계획기간
├ 정비예정구역 *
└ 단계별 정비사업 추진계획 *

(국) ┌ 10년
     └ 5타

┌ 10년
└ 5타

특·광·특·특·시

┌ 국가정책 및
├ 기본계획
└ 수립방향 등

도지사 승인 시 대도 ✕ 시장도 수립 ✕

주민(14일 이상 공람)
　　의견청취 — 타당 시 반영해
의회(60일 내 의견제시)
관계행장 협의
도계위 심의
(국)보고
고시

※ 대도시 시장이 아닌 시장은 기본계획 수립/변경 시
　 도지사 승인필요(도지사가 협의·심의)

주민의견청취(+의회의견)(주민설명회 or 30일 이상 공람)

3. 정비계획 입안 · 결정

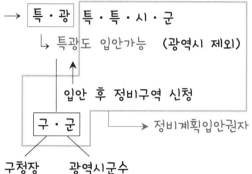

정비구역의 지정권자 (지정권자는 입안가능)

→ 특·광 특·특·시·군

↳ 특광도 입안가능 (광역시 제외)

입안 후 정비구역 신청

구·군 → 정비계획입안권자

구청장   광역시군수

* 토지등소유자 입안제안 가능(도서 · 설명서 첨부)

① 입안시기 내 입안 × or 입안시기 없는 경우

② 공공재개발/재건축 추진시 등 …

```
* 정비계획내용
① 명칭 · 구역 · 면적
② 도시군계획시설/공동이용시설 설치계획
③ 건축물 주용도 · 건 · 용 · 높
④ 세입자 주거대책
⑤ 정비사업시행 예정시기
```

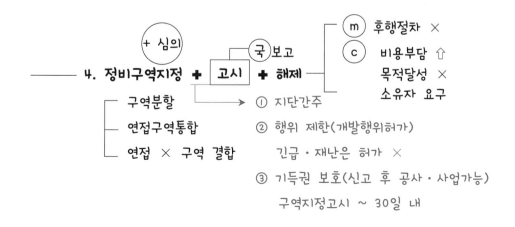

4. 정비구역지정 + 고시 + 해제

(+심의) · (국)보고

m) 후행절차 ×

c) 비용부담 ⇧
   목적달성 ×
   소유자 요구

― 구역분할
― 연접구역통합
― 연접 × 구역 결합

① 지단간주

② 행위 제한(개발행위허가)

   긴급 · 재난은 허가 ×

③ 기득권 보호(신고 후 공사 · 사업가능)

   구역지정고시 ~ 30일 내

* 천재지변/시급한 경우

　계획 수립 않고 구역지정 가능

　★ ┌ 진입로 설치를 위해 필요시 진입로 지역과
　　　└ 그 인접지역 포함하여 정비구역 지정 가능

* 정비예정구역 · 정비구역에서는 지역주택 조합원 모집 ✕

* 지단/정비구역

　각 내용 포함시 서로 간주

* 기본계획 · 정비계획 입안시 주거지역은 법상최고한도까지 용적률 적용가능

Ⅱ. 　정비구역 내 행위제한　▷ ─ 시장 · 군수 허가필요 ⟶ 허가불필요

　　　　　　　　　　　　　　　 (사업시행자 의견 들어)　① 재해복구/재난수습 응급조치
건축물건축(가설건축물 포함)　　　　　　⇩　　　　　 ② 건축물에 대한 안전조치
➕ 용도변경　　　　　　　　　 위반 시 원상회복명령 +　③ 경작을 위한 토지 형질변경
공작물설치　　　　　　　　　　　　 대집행　　　　　 ④ 정비구역 개발에 지장 안주는
형질변경　　　　　　　　　　　　　　　　　　　　　　　 토석채취
토석채취　　　　　　　　　　　　　　　　　　　　　　 ⑤ 관상용 죽목의 임시식재(경작
토지분할　　　　　　　　　　　　　　　　　　　　　　　 지에서의 임시식재는 제외)
물건 쌓아 놓는 행위　　　　　　　　　　　　　　　　　　　　 ⋮
(이동 용이하지 않는 물건을 1개월 이상)
죽목의 벌채 및 식재

➕ 국 · 시도 · 시 · 군 · 구청장(자치구)은 비경제적인 건축행위 및 투기방지 위해 ① 정비예정구
　역 또는 ② 정비계획 수립 중인 지역에 대해 3년 이내(+ 1회　1년) 기간에서 행위제한 가능
　① 건축
　② 분할

Ⅲ. 구역해제

구역지정권자가 해지해야 한다. → 주민의견청취(30일 이상 공람) → 고시
구청장(군수)는   의회의견청취   ┌ 구역지정 전으로 환원
특·광에 요청   지방도계위 심의   └ 추진위원회 구성승인 ┐ 취소
                                                                    조합설립인가   ┘

→ 国에게 통보 ✚ 도시재생선도지역으로 国에게 지정요청 가능

기본계획에서 정한
정비구역지정예정일

　↓ 3년 내

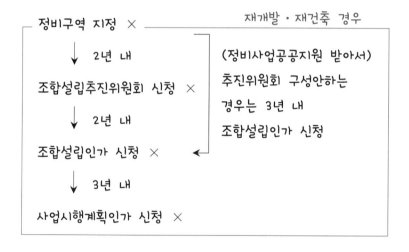
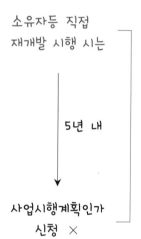

정비구역 지정 ✕ ──── 재개발·재건축 경우 ────   소유자등 직접
　↓ 2년 내   재개발 시행 시는
조합설립추진위원회 신청 ✕   (정비사업공공지원 받아서)
　↓ 2년 내   추진위원회 구성안하는
조합설립인가 신청 ✕   경우는 3년 내   ↓ 5년 내
　↓ 3년 내   조합설립인가 신청
사업시행계획인가 신청 ✕   사업시행계획인가
                                                     신청 ✕

* 토지등소유자(조합설립 시 조합원) 30/100 이상 동의로 연장요청 시 ┐→ 2년 범위 내에서
  정비구역 존치필요시(주거환경 계획적 정비 위해)   ┘   각 경우 연장 가능

* 직권해제 가능(심의 거쳐)
　① 토지등소유자 과도한 부담

② 목적달성 × 인정하는 경우

③ 30% 이상 해제 요청(추진위원회 구성되지 않은 지역)

④ 주거환경개선사업 구역지정 ~ 10년 경과
(자기개량방식)

　✚ 목적달성 ×

　✚ 과반수 해제요청 시

⑤ 추진위원회 구성 또는 조합설립에 동의한 토지등소유자 1/2 이상 ~ 2/3 이하 범위에서 조례로 정하는 비율 이상 해제 요청 시(사업시행계획인가 신청하지 않은 경우)

⑥ 추진위원회구성 또는 조합설립된 경우 과반수 동의로 해제 요청 시(사업시행계획인가 신청하지 않은 경우)

02 절 조합설립 등

Ⅰ. 조합 ▶ ― 민법 중 中 사단법인 준용
　　　　　 ― 법인으로 한다(인가 30일 이내 등기 시 성립한다).

＊ 추진위원회(위원장 1명 + 감사 두어야 한다.)

"위원장 포함 5명 이상 위원 + 운영 규정 에" 대해서 토지등소유자 과반수 동의 + 시장군수 등 승인

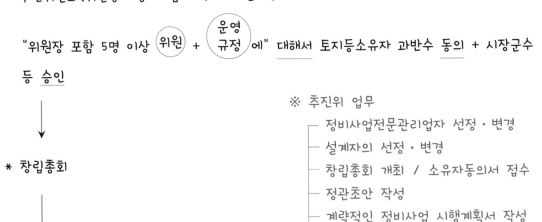

　　　　　　　　　　　　　　　　　※ 추진위 업무
　　　　　　　　　　　　　　　　　　― 정비사업전문관리업자 선정 · 변경
　　　　　　　　　　　　　　　　　　― 설계자의 선정 · 변경
＊ 창립총회　　　　　　　　　　　　― 창립총회 개최 / 소유자동의서 접수
　　　　　　　　　　　　　　　　　　― 정관초안 작성
　　　　　　　　　　　　　　　　　　― 개략적인 정비사업 시행계획서 작성
　　　　　　　　　　　　　　　　　　― 조합설립인가를 받기 위한 준비업무

＊ 조합설립 인가 ("정비사업조합" 문자사용)

〈시장군수 등, LH 등, 지정개발업자 아닌 경우는 조합설립〉

*인가신청 시 동의필요(동의받기 전에 추정분담금 정보제공해)

① 재개발조합 : 토지등소유자 3/4 이상 및 토지면적 1/2 이상 동의

② 재건축조합 : 각 동별 과반수 동의(동별 소유자 5인 이하 시 제외)

　　　　　　　(복리시설의 경우에는 주택단지 복리시설 전체를 하나로 본다.)

　　　　　　✚ 주택단지 전체 구분소유자 3/4 및 토지면적 3/4 이상 동의

　　　　　　 주택단지 아닌 지역 포함시는 주택단지 아닌 지역 토지/건축물 소유자

　　　　　　 3/4 이상 및 토지 면적 2/3 이상 소유자 동의

⟶ 인가받은 사항 변경 시 총회에서 조합원 2/3 이상 찬성으로 의결하고 시장·군수 등의

　 인가 받아 // 경미한 사항은 신고 (명칭/사무소소재지/조합원권리 이전)

　　　　　　　 ⟶ 20일 내 수리여부통지/ 미통지 시 다음날 수리간주

* 정관변경 ⟶ 조합원 과반수 찬성 ✚ 시장군수 등 인가　　　 좌측 ① ~ ⑥은
　① 조합원 자격　　　　　　　　　　　　　　　　　　　─ 2/3 이상 찬성
　② 조합원 제명·탈퇴·교체　　　　　　　　　　　　　　 필요
　③ 정비구역 위치·면적
　④ 조합의 비용부담 및 조합의 회계
　⑤ 정비사업비의 부담시기 및 절차
　⑥ 시공자·설계자의 선정 및 계약서에 포함될 내용

⟶ 경미한 사항 변경 시 시장군수 등에게 신고 ⟶
　20일 내 수리통보 / 통보 없으면 기간 다음날 수리간주

★ 동의자 수 산정방법

★ 국은 추진위원회 운영규정 고시

Ⅱ. 　총회　▶ 조합원으로 구성

(1) 소집(총회 7일 전까지 조합원에 통지)

　　① 조합장 직권

　　② 조합원 1/5 이상 또는 대의원 2/3 이상 요구로 조합장이 소집

　　③ 임원에 관한 사항은 1/10 (권리·의무·보수·선임방법·변경·해임)

(2) 의결사항(다른 규정 없으면 과반수 출석 / 출석 과반수 찬성)

　　　　　　조합원 10/100 이상 직접 출석 필요(대리인정)

　　정관변경

　　시공자 설계자·평가법인 등 선정/변경

　　정비사업 전문관리업자 선정/변경

　　조합임원의 선임·해임

　　조합원별 분담내역

　　① 관리처분계획 수립 / 변경　　　　★ 조합원 과반수 찬성　　　20/100 이상 직접

　　② 사업시행계획서의 작성 / 변경 → (정비사업비가 10% → 출석 필요(① + ② +

　　　　　　　　　　　　　　　　　　　이상 증가 시는 2/3　　　창립총회 × + 정비사

　　　　　　　　　　　　　　　　　　　이상 찬성)　　　　　　　업비의 사용/변경)

* ① 서면의결권 / 대리인 가능　　┌ ① 배우자, 직계존비속, 형제자매 중 성년자

　　(본인확인 필요)　　　　　　　├ ② 해외거주 조합원 지정자

　　　　　　　　　　　　　　　　└ ③ 법인인 토지등소유자 지정자

　② 재난 / 감염병에 따른 집합제한 / 금지 사유 시 전자적 방법으로 의결가능

Ⅲ. 시공자선정

추진위원장 또는 사업시행자는 계약체결하려면 일반경쟁에 부쳐야 한다.

(1) 시공자선정시기

- ① 조합 (100명 이하인 경우는 ★정관으로 정한다.)

  조합설립인가 후 경쟁입찰 또는 수의계약(2회 이상 유찰)

- ② 토지등소유자 (재개발사업 시행 시)

  사업시행인가 받은 후 규약에 따라 건설업자 / 등록업자 선정

- ③ 시장군수 등 · 토지주택공사 등 · 지정개발자

  사업시행자 지정고시 후 경쟁입찰 또는 수의계약(2회 이상 유찰)으로 건설업자/등록사업자 선정

(2) 추천

주민대표회의 · 토지등소유자전체회의가 경쟁입찰 또는 수의계약방법으로(2회 이상 유찰) 사업자 추천 시 그 자를 시공자로 선정해

(3) 시행자는 시공자와 공사계약시 기존건물 철거공사사항 포함해야 해

Ⅳ. 조합원 + 동의자수 선정

① 1필 토지/건축물 공유 시 → 1人

② 1인이 다수 소유 시 → 1人

③ 지상권 설정 시 → 1人

- 토지등소유자(재건축은 동의자)
- 공유재산은 대표자 1인

〈투기과열지구〉에서(상속 · 이혼은 예외)

재개발 − 관리처분 계획 인가 후 　　양수인은 조합원 × ★

재건축 − 조합설립 인가 후 　　　　→ 이 경우 손실보상

(예외)

① 근무 · 생업 · 질병치료 · 취학 · 결혼으로 세대원 전부 이전

② (상속)으로 취득한 주택으로 세대원 모두 이전

③ 세대원 모두 (해외) (이주) or 2년 이상 (체류)

④ 1세대 1주택자로서 10년 이상 소유 및 5년 이상 거주한 자로부터 양수한 자

(피상속인 기간 합산)

⑤ 지분형주택을 공급받기 위하여 건축물/토지를 LH 등과 공유하려는 경우

⑥ 공공임대주택 등을 목적으로 건축물/토지를 양수하려는 공공재개발 시행자에게 양도하려는

경우

V. 　창립총회 ▶

조합설립 인가 전에 조합설립을 위한 창립총회

(1) 업무

　　├─ 조합 정관의 확정

　　│　조합 임원의 선임

　　└─ 대의원의 선임

(2) 　포괄승계 　등

① 추진위원회는 추진업무를 총회에 보고해 / 그 업무와 관련된 권리 · 의무는 조합이 포괄

승계

② 추진위원회는 사용경비를 기재한 회계장부 및 관계서류를 조합설립인가일부터 30일 이내

에 조합에 인계해야 한다.

VI. 임원

조합임원은 같은 목적의 정비사업을 하는 다른 조합의 임원 또는 직원 겸할 수 없다.
임원(임기 3년 이하/연임가능)

조합장 1명 : 조합을 대표하고 총회 또는 대의원회 의장이 된다.
(└, 이 경우 대의원으로 본다.)

이사(3명 이상 // 토등소 100명 초과 시는 5명 이상)

감사(3명 이내) ┌ 조합장 및 이사가 자기를 위하여 ┐
              │ 조합과 계약이나 소송을 할 때는 │
              └ 감사가 조합을 대표해 ────────┘

VII. 요건

① 구역 내 거주자로서 선임일 직전 ┐
   3년 동안 거주기간 1년 이상   ├ or
② 건축물·토지 5년 이상 소유 ────┘

* 결격사유 시 → 당연퇴임
  요건미충족 시(퇴임 전 행위 유효)

※ 임원결격사유
① 미성년자/피성년후견인/피한정후견인
② 파산 미복권자
③ 금고 이상 실형선고
   → 집행종료/면제 ~ 2년 미경과자
④ 금고 이상 집행유예 기간 中
⑤ 이 법 위반으로 벌금 100만원 이상
   형 받고 10년 미경과자

* 임원은 1/10 이상 요구로 소집된 총회의 과반수 출석과 과반수 동의로 해임가능

VIII. 대의원회
- 조합장이 필요 인정 시 소집한다.
- 총회권한 대행가능

조합원 수가 100명 이상인 경우 둔다.

조합장이 아닌 임원은 대의원이 될 수 없다.

조합원 수 1/10 이상으로 구성

1/10이 100명 넘는 경우에는 1/10 범위에서 100명 이상으로 구성가능

비교 → (위원장1 · 부위원장1 · 감사3명 이내)

└ 토지등소유자 과반수 동의받아 구성

※ 주민대표회의

　구성(위원장 포함 5 ~ 25명)해

→ 시장군수 등, LH 등이 사업시행 시

→ * 제26조 재개발 · 재건축 공공시행자의 경우 주민대표회의를 두어야 한다.

CHAPTER 03
사업시행계획인가 및 관리처분계획 등

Ⅰ. 사업시행계획인가 ▷ 변경·사업중지/폐지 시도 인가 대상

(경미 신고)

사업시행자(공동시행 포함)

↓

사업계획서 작성 ─ * 시장 군수 등이 작성 시 14일 이상 공람

↓ **+** 총회의결(시장 군수 등 제외)

시장 군수 등에 신청

↓ **+** 60일 내 통보

인가 ─ 14일 이상 공람

+ 지정개발자

┌─────────────────────────────┐
지정개발자(토지등소유자인 경우)는 20%

범위 내 사업비 예치

→ 청산금지급 완료 시 반납
└─────────────────────────────┘

제27조 천재지변/시급필요 등 시 토지등소유자·민관합동법인· 신탁업자를 사업자로 지정가능

* 시장 군수 등이 시행하는 경우에는 인가 없으므로 계획서 작성 시에 주민공람 절차를 거친다.

┌─ 계획서 포함 사항 ──────────────────────────┐
① 토지이용계획(건물배치계획 포함)   **+** 건축물존치(명동성당 등) /
② 정비기반시설/공동이용시설 설치계획   리모델링 포함 가능
③ 임시주거시설을 포함한 주민이주대책
④ 세입자의 주거 이주대책
⑤ 범죄예방대책
⑥ 건축물의 높이/용적률 등 건축계획
└──┘

⑦ 교육시설의 교육환경 보호에 관한 계획

→ (정비구역부터 200미터 이내에 교육시설 설치된 경우)

↳ 교육감/교육장과 협의해

⑧ 정비사업비 등

⑨ 임대주택건설계획(재건축제외) ★★

국·시도·시군구·LH 등은 조합요청으로 인수

↳ 우선 인수 ↑

부득이한 경우 ⑤에게 LH 등을 인수자로 지정요청할 수 있다.

⑩ 국민주택규모 주택 건설계획(주거환경 개선사업 제외)

ⅰ) "법상한 - 정비계획상 용적률"의 일정비율

= 국민주택규모 주택건설 인수자에게 공급

ⅱ) 공공재개발 = 법상한 × 120%

= "법상한 초과용적률 - 정비계획용적률"의

→ 20/100 이상 ~ 50/100 이하

국민주택 규모주택 건설하여 인수자에게 공급해

ⅲ) 공공재건축

= "법상한 - 정비계획용적률"의

→ 40/100 이상 ~ 70/100 이하

국민주택 규모주택 건설하여 인수자에게 공급해

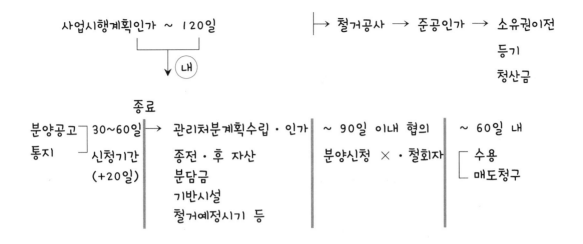

사업시행계획인가 ~ 120일

└→ 철거공사 → 준공인가 → 소유권이전
등기
청산금

종료

분양공고 30~60일 ├→ 관리처분계획수립 · 인가 ~ 90일 이내 협의 ~ 60일 내
통지   신청기간   종전 · 후 자산   분양신청 × · 철회자   ┌ 수용
    (+20일)   분담금   └ 매도청구
           기반시설
           철거예정시기 등

사업시행계획인가 ╱─ 사업인정고시준용
(신청 60일 내 통보)

※ 20인 미만 직접시행 재개발은 소유자 3/4 이상 및 토지면적 1/2 이상 동의
(인가받은 사항 변경 시 과반수 동의 필요)
※ 지정개발자는 토등소 과반수 및 토지면적 1/2 이상 동의 필요
※ 천재지변 시 시장군수 등 또는 지정개발자 시행 시는 동의 불요

① 임시주거시설
  임시상가설치 ┬─ 주거환경개선사업
              └─ 재개발사업
                  ─ 철거되는 소유자 / 세입자
                    임대주택 / 융자 등
                  ─ 국가 등 타인 시설 · 토지 사용가능
                    (손실보상 // 정비사업 완료 ~ 30일 내 원상회복)
                    (제3자에게 매매 시 · 사용허가 시는 사용 ×)

② ┬─ ① 수용 · 사용(재건축은 천재지변 / 시급 · 필요시만)
  │   준공인가 이후 현물보상가능
  └─ ② 매도청구(재건축)

                                    미동의자에게(조합설립 / 사업자선정)
    ⅰ) 사업시행인가고시일 ~ 30일 내 ┬─ 조합설립   ┬─ 동의 촉구
                                   └─ 사업시행자 지정 ┘
    ⅱ) 촉구일부터 2개월 내 회답해야 한다(미회답 시 미동의 간주).
    ⅲ) 기간만료 ~ 2개월 내 매도청구(미동의자 또는 토지만, 건축만 소유한 자)

③ 지상권등 계약의 해지

④ 용적률 완화(125% 범위 내)
   ┬─ 보상기준 이상으로 세입자에게 주거이전비 / 영업보상
   └─ 추가적인 세입자 대책 : 임대주택 · 상가 등

```
┌─────────────────────────────────────────────┐      ┌──────────────────────┐
│ 용적률완화 및 국민주택규모 주택 건설비율      │──────│ 사업시행계획서에 반영 │
└─────────────────────────────────────────────┘      └──────────────────────┘
   │
   └──→ 용적율완화(지방도위 심의 거쳐 법상용적률까지)
          과밀억제권역 주거지역에서 시행하는 재개발/재건축 조례로 정하는 재개발/재건축
```

┌ 과밀억제권역(주거지역)
└ 조례로 정하는 지역

재개발/재건축 사업 → 초과용적율 일정비율 건설

↓

시도시군 구청장 순으로 인수

↓

장기공공임대주택으로 활용

	재건축	재개발
과밀권역 내	초과용적율의 30/100 이상 ~ 50/100 이하 조례로 정하는 비율	50% 이상 75% 이하
과밀권역 외	50% 이하	75 % 이하

Ⅱ. 관리처분계획 등

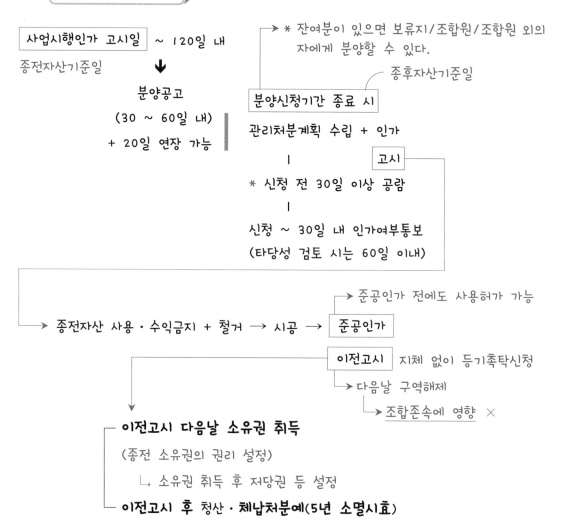

사업시행인가 고시일 ~ 120일 내

종전자산기준일

→ * 잔여분이 있으면 보류지/조합원/조합원 외의 자에게 분양할 수 있다.

종후자산기준일

↓

분양공고
(30 ~ 60일 내)
+ 20일 연장 가능

분양신청기간 종료 시

관리처분계획 수립 + 인가
| 고시
* 신청 전 30일 이상 공람
|
신청 ~ 30일 내 인가여부통보
(타당성 검토 시는 60일 이내)

→ 준공인가 전에도 사용허가 가능

→ 종전자산 사용·수익금지 + 철거 → 시공 → 준공인가

이전고시 지체 없이 등기촉탁신청
→ 다음날 구역해제
→ 조합존속에 영향 ×

이전고시 다음날 소유권 취득
(종전 소유권의 권리 설정)
└ 소유권 취득 후 저당권 등 설정
이전고시 후 청산·체납처분예(5년 소멸시효)

고시일 다음날부터 90일 내 협의
(분양 신청기간 종료일의 다음날부터 협의 시작 가능)
미신청자
철회자
투기과열지구 내 분양자는 분양대상자 선정일
5년 미경과 시 신청 ×
(상속·결혼·이혼 제외)
분양대상 제외자

협의기간 만료일 다음날부터 60일 이내 수용청구 또는 매도청구소송 제기
(15% 이하 범위 내 지연이자 가산)

* 정비기반시설 무상양수도(관리청에 준공인가 통지 시)

* 감정평가
　　┌─ 주거환경개선
　　│   재개발 : 시장·군수 등 선정 2人
　　└─ 재건축 : 시장군수 1人
　　　　　　　　 조합총회 1人

| 관리처분계획수립기준 | : | 주택 수 |

1세대 또는 1명이 다수 소유 → 1주택
같은 세대에 속하지 않은 2명 이상이 공유한 경우 → 1주택

2명 이상이 1필지 토지 소유 시 → 조례로 정할 수 있다(조례로 주택공급을 따로 정하고 있는 경우).

* 소유한 주택 수만큼 공급할 수 있는 경우

①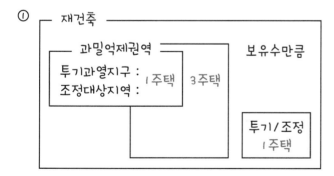

② 근로자(공무원 포함) 숙소, 기숙사 용도
③ 국가·지단·토지공사 등

④ 공공기관 지방이전 및 혁신도시 활성화 시책 등에 따라 이전하는 공공기관이 소유한 주택 양수한 자

⑤ 종전 자산 가격 / 면적 범위 내에서 2주택 공급 가능

(1주택은 60㎡ 이하 ⟶ 이전 고시 다음날부터 <u>3년 내 전매알선 제한</u>)

(상속 제외)

---

* 분양받을 권리기준 산정일(정비구역지정고시 · 정비계획

  결정 고시일 ∥ 따로 정한 날의 다음날)

  ① 1필지 토지분할

  ② 단독 · 다가구 ⟶ 다세대 전환

  ③ 토지 · 건축물 분리 소유

  ④ 나대지 신축 · 개축으로 공동주택으로 소유자 증가 시

CHAPTER 04 비용의 부담 등

Ⅰ. 사업시행자 부담원칙

↳ 토지등소유자에게 정비사업에 의한 수입과 사업비용 차액을 부과·징수할 수 있다.

→ 연체료 부과 징수가능(정관으로 정한다.) → 시장·군수 등에 위탁가능 →

체납처분 예 → 징수금액 중 4% 시장·군수 등에게 교부해

↳ 시장·군수 등은 시장·군수 등이 아닌 사업자가 시행하는 정비사업에 있어서 주요

정비기반시설 및 공동이용시설 / 임시거주시설 비용의 (전부) / (일부) 부담가능

(도로, 상·하수도, 공원, 공용주차장, 공동구, 녹지, 하천, 공공공지, 광장)

2. 정비기반시설 관리자 비용부담

현저한 이익받는 관리자에게 일부 부담가능

(전체 비용 1/3 초과 × 다만 다른 정비기반시설의 정비가 그 정비사업의 주된 내용인

경우에는 1/2까지 할 수 있다.)

공동구 설치의무자에게 설치비용 부담 가능(점용예정비율)

3. 보조 및 융자

① 국가·시도는 시장·군수·구청장/토지주택공사 등이 시행하는 경우

정비기반시설 ┐
임시주거시설 ┤ 설치 비용 일부 보조/융자가능
공동이용시설 ┘

② 국가·지단은 시장·군수 등이 아닌 자에게 비용 일부 보조/융자가능

③ 국가는 지단·토지주택공사 등에 비용 전부·일부 보조/융자가능

④ 국가·지단은 토지임대부 분양주택을 공급받는 자에게 공급비용의 전부/일부 보조/융자

가능

CHAPTER 05 공공재개발/공공재건축

도시계획위원회 심의 거쳐 법상 용적률 × 120% 가능

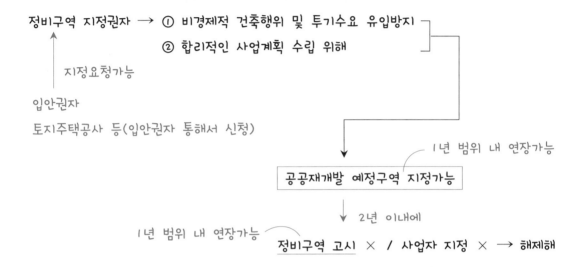

정비구역 지정권자 → ① 비경제적 건축행위 및 투기수요 유입방지
                      ② 합리적인 사업계획 수립 위해

지정요청가능

입안권자

토지주택공사 등(입안권자 통해서 신청)

1년 범위 내 연장가능

공공재개발 예정구역 지정가능

2년 이내에

1년 범위 내 연장가능

정비구역 고시 × / 사업자 지정 × → 해제해

1년 내
* 기본계획 없이 구역지정 시 → 사업자 지정 × → 구역해제해

공공재개발

① 사업자요건

시장·군수 등 / 토지주택공사 등(조합공동포함)이

+ ┌ 주거환경개선사업의 시행자
& ├ 재개발사업의 시행자
+ └ 재개발사업 대행자일 것

② 공급조건

토등소분양세대 외의 세대 또는 연면적 50/100 이상을 지분형 주택 / 공공임대주택 / 공공지원민간임대주택으로 공급

공공재건축

① 사업자요건

시장·군수 등 / 토지주택공사 등(조합공동포함)이

+ ┌ 재건축사업시행자
& └ 재건축사업대행자
+

② 공급조건

종전 세대수의 160/100 이상 공급할 것

CHAPTER 06 부록

정비기본계획 내용

기본계획의 내용

① 기본계획에는 다음 각 호의 사항이 포함되어야 한다.

  1. 정비사업의 기본방향

  2. 정비사업의 계획기간

  3. 인구·건축물·토지이용·정비기반시설·지형 및 환경 등의 현황

  4. 주거지 관리계획

  5. 토지이용계획·정비기반시설계획·공동이용시설설치계획 및 교통계획

  6. 녹지·조경·에너지공급·폐기물처리 등에 관한 환경계획

  7. 사회복지시설 및 주민문화시설 등의 설치계획

  8. 도시의 광역적 재정비를 위한 기본방향

  9. 제16조에 따라 정비구역으로 지정할 예정인 구역의 개략적 범위

  10. 단계별 정비사업 추진계획(정비예정구역별 정비계획의 수립시기가 포함되어야 한다)

  11. 건폐율·용적률 등에 관한 건축물의 밀도계획

  12. 세입자에 대한 주거안정대책

  13. 그 밖에 주거환경 등을 개선하기 위하여 필요한 사항으로서 대통령령으로 정하는 사항

② 기본계획의 수립권자는 기본계획에 다음 각 호의 사항을 포함하는 경우에는 제1항 제9호 및 제10호의 사항을 생략할 수 있다.

  1. 생활권의 설정, 생활권별 기반시설 설치계획 및 주택수급계획

  2. 생활권별 주거지의 정비·보전·관리의 방향

③ 기본계획의 작성기준 및 작성방법은 국토교통부장관이 정하여 고시한다.

정비계획의 내용

정비계획의 내용

① 정비계획에는 다음 각 호의 사항이 포함되어야 한다.

1. 정비사업의 명칭

2. 정비구역 및 그 면적

3. 도시·군계획시설의 설치에 관한 계획

4. 공동이용시설 설치계획

5. 건축물의 주용도·건폐율·용적률·높이에 관한 계획

6. 환경보전 및 재난방지에 관한 계획

7. 정비구역 주변의 교육환경 보호에 관한 계획

8. 세입자 주거대책

9. 정비사업시행 예정시기

10. 정비사업을 통하여 공공지원민간임대주택을 공급하거나 같은 조 제11호에 따른 주택임대 관리업자(이하 "주택임대관리업자"라 한다)에게 임대할 목적으로 주택을 위탁하려는 경우에는 다음 각 목의 사항. 다만, 나목과 다목의 사항은 건설하는 주택 전체 세대수에서 공공지원민간임대주택 또는 임대할 목적으로 주택임대관리업자에게 위탁하려는 주택(이하 "임대관리 위탁주택"이라 한다)이 차지하는 비율이 100분의 20 이상, 임대기간이 8년 이상의 범위 등에서 대통령령으로 정하는 요건에 해당하는 경우로 한정한다.

    가. 공공지원민간임대주택 또는 임대관리 위탁주택에 관한 획지별 토지이용 계획

    나. 주거·상업·업무 등의 기능을 결합하는 등 복합적인 토지이용을 증진시키기 위하여 필요한 건축물의 용도에 관한 계획

    다. 「국토의 계획 및 이용에 관한 법률」 제36조 제1항 제1호 가목에 따른 주거지역을 세분 또는 변경하는 계획과 용적률에 관한 사항

    라. 그 밖에 공공지원민간임대주택 또는 임대관리 위탁주택의 원활한 공급 등을 위하여 대통령령으로 정하는 사항

11. 「국토의 계획 및 이용에 관한 법률」 제52조 제1항 각 호의 사항에 관한 계획(필요한 경우로 한정한다)

12. 그 밖에 정비사업의 시행을 위하여 필요한 사항으로서 대통령령으로 정하는 사항

② 제1항 제10호 다목을 포함하는 정비계획은 기본계획에서 정하는 제5조 제1항 제11호에 따른 건폐율·용적률 등에 관한 건축물의 밀도계획에도 불구하고 달리 입안할 수 있다.

③ 제8조 제4항 및 제5항에 따라 정비계획을 입안하는 특별자치시장, 특별자치도지사, 시장, 군수 또는 구청장등(이하 "정비계획의 입안권자"라 한다)이 제5조 제2항 각 호의 사항을 포함하여 기본계획을 수립한 지역에서 정비계획을 입안하는 경우에는 그 정비구역을 포함한 해당 생활권에 대하여 같은 항 각 호의 사항에 대한 세부 계획을 입안할 수 있다.

④ 정비계획의 작성기준 및 작성방법은 국토교통부장관이 정하여 고시한다.

정관 기재사항 ▶

1. 조합의 명칭 및 사무소의 소재지
2. 조합원의 자격
3. 조합원의 제명·탈퇴 및 교체
4. 정비구역의 위치 및 면적
5. 제41조에 따른 조합의 임원(이하 "조합임원"이라 한다)의 수 및 업무의 범위
6. 조합임원의 권리·의무·보수·선임방법·변경 및 해임
7. 대의원의 수, 선임방법, 선임절차 및 대의원회의 의결방법
8. 조합의 비용부담 및 조합의 회계
9. 정비사업의 시행연도 및 시행방법
10. 총회의 소집 절차·시기 및 의결방법
11. 총회의 개최 및 조합원의 총회소집 요구
12. 제73조 제3항(미분양신청자에 대한 수용청구 또는 매도청구소송 지연)에 따른 이자 지급
13. 정비사업비의 부담 시기 및 절차
14. 정비사업이 종결된 때의 청산절차
15. 청산금의 징수·지급의 방법 및 절차
16. 시공자·설계자의 선정 및 계약서에 포함될 내용
17. 정관의 변경절차
18. 그 밖에 정비사업의 추진 및 조합의 운영을 위하여 필요한 사항으로서 대통령령으로 정하는 사항

> "대통령령으로 정하는 사항"이란 다음 각 호의 사항을 말한다.
> 1. 정비사업의 종류 및 명칭
> 2. 임원의 임기, 업무의 분담 및 대행 등에 관한 사항
> 3. 대의원회의 구성, 개회와 기능, 의결권의 행사방법 및 그 밖에 회의의 운영에 관한 사항

4. 법 제24조 및 제25조에 따른 정비사업의 공동시행에 관한 사항

5. 정비사업전문관리업자에 관한 사항

6. 정비사업의 시행에 따른 회계 및 계약에 관한 사항

7. 정비기반시설 및 공동이용시설의 부담에 관한 개략적인 사항

8. 공고 · 공람 및 통지의 방법

9. 토지 및 건축물 등에 관한 권리의 평가방법에 관한 사항

10. 법 제74조 제1항에 따른 관리처분계획(이하 "관리처분계획"이라 한다) 및 청산(분할징수 또는 납입에 관한 사항을 포함한다)에 관한 사항

11. 사업시행계획서의 변경에 관한 사항

12. 조합의 합병 또는 해산에 관한 사항

13. 임대주택의 건설 및 처분에 관한 사항

14. 총회의 의결을 거쳐야 할 사항의 범위

15. 조합원의 권리 · 의무에 관한 사항

16. 조합직원의 채용 및 임원 중 상근(常勤)임원의 지정에 관한 사항과 직원 및 상근임원의 보수에 관한 사항

17. 그 밖에 시 · 도조례로 정하는 사항

총회의 의결

다음 각 호의 사항은 총회 의결을 거쳐야 한다.

1. 정관의 변경(제40조 제4항에 따른 경미한 사항의 변경은 이 법 또는 정관에서 총회의결사항으로 정한 경우로 한정한다)

2. 자금의 차입과 그 방법 · 이자율 및 상환방법

3. 정비사업비의 세부 항목별 사용계획이 포함된 예산안 및 예산의 사용내역

4. 예산으로 정한 사항 외에 조합원에게 부담이 되는 계약

5. 시공자 · 설계자 및 감정평가법인등(제74조 제4항(관리처분계획 인가)에 따라 시장 · 군수등이 선정 · 계약하는 감정평가법인등은 제외한다)의 선정 및 변경. 다만, 감정평가법인등 선정 및 변경은 총회의 의결을 거쳐 시장 · 군수등에게 위탁할 수 있다.

6. 정비사업전문관리업자의 선정 및 변경

7. 조합임원의 선임 및 해임

8. 정비사업비의 조합원별 분담내역

9. 사업시행계획서의 작성 및 변경(제50조 제1항 본문에 따른 정비사업의 중지 또는 폐지에 관한 사항을 포함하며, 같은 항 단서에 따른 경미한 변경은 제외한다)

10. 관리처분계획의 수립 및 변경(제74조 제1항 각 호 외의 부분 단서에 따른 경미한 변경은 제외한다)

11. 제89조에 따른 청산금의 징수·지급(분할징수·분할지급을 포함한다)과 조합 해산 시의 회계보고

12. 제93조에 따른 비용의 금액 및 징수방법

13. 그 밖에 조합원에게 경제적 부담을 주는 사항 등 주요한 사항을 결정하기 위하여 대통령령 또는 정관으로 정하는 사항

> * 대통령령 또는 정관으로 정하는 사항
> 1. 조합의 합병 또는 해산에 관한 사항
> 2. 대의원의 선임 및 해임에 관한 사항
> 3. 건설되는 건축물의 설계 개요의 변경
> 4. 정비사업비의 변경

총회의 의결은 이 법 또는 정관에 다른 규정이 없으면 조합원 과반수의 출석과 출석 조합원의 과반수 찬성으로 한다.

제9호 및 제10호의 경우에는 조합원 과반수의 찬성으로 의결한다. 다만, 정비사업비가 10/100(생산자물가상승률분, 제73조에 따른 손실보상 금액은 제외) 이상 늘어나는 경우에는 조합원 3분의 2 이상의 찬성으로 의결하여야 한다.

사업시행계획서 작성시 포함 내용

1. 토지이용계획(건축물배치계획을 포함한다)

2. 정비기반시설 및 공동이용시설의 설치계획

3. 임시거주시설을 포함한 주민이주대책

4. 세입자의 주거 및 이주 대책

5. 사업시행기간 동안 정비구역 내 가로등 설치, 폐쇄회로 텔레비전 설치 등 범죄예방대책

6. 제10조에 따른 임대주택의 건설계획(재건축사업의 경우는 제외한다)

7. 제54조 제4항, 제101조의5 및 제101조의6에 따른 국민주택규모 주택의 건설계획(주거환경개선사업의 경우는 제외한다)

8. 공공지원민간임대주택 또는 임대관리 위탁주택의 건설계획(필요한 경우로 한정한다)

9. 건축물의 높이 및 용적률 등에 관한 건축계획

10. 정비사업의 시행과정에서 발생하는 폐기물의 처리계획

11. 교육시설의 교육환경 보호에 관한 계획(정비구역부터 200미터 이내에 교육시설이 설치되어 있는 경우로 한정한다)

12. 정비사업비

13. 그 밖에 사업시행을 위한 사항으로서 대통령령으로 정하는 바에 따라 시·도조례로 정하는 사항

** 사업시행자는 일부 건축물의 존치 또는 리모델링(「주택법」 제2조 제25호 또는 「건축법」 제2조 제1항 제10호에 따른 리모델링을 말한다)에 관한 내용이 포함된 사업시행계획서를 작성하여 사업시행계획인가를 신청할 수 있다.

사업시행계획서를 작성하려는 경우에는 존치 또는 리모델링하는 건축물 소유자의 동의(「집합건물의 소유 및 관리에 관한 법률」 제2조 제2호에 따른 구분소유자가 있는 경우에는 구분소유자의 3분의 2 이상의 동의와 해당 건축물 연면적의 3분의 2 이상의 구분소유자의 동의로 한다)를 받아야 한다. 다만, 정비계획에서 존치 또는 리모델링하는 것으로 계획된 경우에는 그러하지 아니한다.

관리처분계획의 인가 등

사업시행자는 분양신청기간이 종료된 때에는 분양신청의 현황을 기초로 다음 사항이 포함된 관리처분계획을 수립하여 시장·군수 등의 인가를 받아야 하며

1. 분양설계
2. 분양대상자의 주소 및 성명
3. 분양대상자별 분양예정인 대지 또는 건축물의 추산액(임대관리 위탁주택에 관한 내용을 포함한다)
4. 다음 각 목에 해당하는 보류지 등의 명세와 추산액 및 처분방법. 다만, 나목의 경우에는 제30조 제1항에 따라 선정된 임대사업자의 성명 및 주소를 포함한다.
   가. 일반 분양분(법인인 경우에는 법인의 명칭 및 소재지와 대표자의 성명 및 주소)
   나. 공공지원민간임대주택
   다. 임대주택
   라. 그 밖에 부대시설·복리시설 등
5. 분양대상자별 종전의 토지 또는 건축물 명세 및 사업시행계획인가 고시가 있은 날을 기준으로 한 가격(사업시행계획인가 전에 제81조 제3항에 따라 철거된 건축물은 시장·군수등에게 허가를 받은 날을 기준으로 한 가격)(사업시행계획인가 전에 붕괴 등 안전사고 우려 및 폐공가의 밀집으로 범죄발생 우려가 있는 사유)
6. 정비사업비의 추산액(재건축사업의 경우에는 재건축부담금에 관한 사항을 포함) 및 그에 따른 조합원 분담규모 및 분담시기
7. 분양대상자의 종전 토지 또는 건축물에 관한 소유권 외의 권리명세
8. 세입자별 손실보상을 위한 권리명세 및 그 평가액
9. 그 밖에 정비사업과 관련한 권리 등에 관하여 대통령령으로 정하는 사항

> 1. 법 제73조에 따라 현금으로 청산하여야 하는 토지등소유자별 기존의 토지·건축물 또는 그 밖의 권리의 명세와 이에 대한 청산방법
> 2. 법 제79조 제4항 전단에 따른 보류지 등의 명세와 추산가액 및 처분방법

> 3. 제63조 제1항 제4호에 따른 비용의 부담비율에 따른 대지 및 건축물의 분양계획과 그 비용부담의 한도·방법 및 시기(이 경우 비용부담으로 분양받을 수 있는 한도는 정관등에서 따로 정하는 경우를 제외하고는 기존의 토지 또는 건축물의 가격의 비율에 따라 부담할 수 있는 비용의 50퍼센트를 기준으로 정한다)
> 4. 정비사업의 시행으로 인하여 새롭게 설치되는 정비기반시설의 명세와 용도가 폐지되는 정비기반시설의 명세
> 5. 기존 건축물의 철거 예정시기
> 6. 그 밖에 시·도조례로 정하는 사항

관리처분계획을 변경·중지 또는 폐지하려는 경우에도 또한 같다(경미한 사항을 변경하려는 경우에는 시장·군수 등에게 신고 해 → 20일 내 수리 여부 통지 → 미통지 시 기간 종료 다음 날 신고수리한 것으로 본다)

* 경미한 사항
  1. 계산착오·오기·누락 등에 따른 조서의 단순정정인 경우(불이익을 받는 자가 없는 경우에만 해당한다)
  2. 법 제40조 제3항에 따른 정관 및 법 제50조에 따른 사업시행계획인가의 변경에 따라 관리처분계획을 변경하는 경우
  3. 법 제64조에 따른 매도청구에 대한 판결에 따라 관리처분계획을 변경하는 경우
  4. 법 제129조에 따른 권리·의무의 변동이 있는 경우로서 분양설계의 변경을 수반하지 아니하는 경우
  5. 주택분양에 관한 권리를 포기하는 토지등소유자에 대한 임대주택의 공급에 따라 관리처분계획을 변경하는 경우
  6. 「민간임대주택에 관한 특별법」 제2조 제7호에 따른 임대사업자의 주소(법인인 경우에는 법인의 소재지와 대표자의 성명 및 주소)를 변경하는 경우

+ 관리처분계획의 수립 및 변경은 총회 의결을 거쳐야 하며 총회의 개최일부터 1개월 전에 상기 BOX 내 제3부터 제6까지의 규정에 해당하는 사항을 각 조합원에게 문서로 통지하여야 한다.

> **관리처분계획의 수립기준 – 관리처분계획의 수립기준 등에 필요한 사항은 대통령령**

1. 종전의 토지 또는 건축물의 면적·이용상황·환경을 종합적으로 고려하여 대지 또는 건축물이 균형 있게 분양신청자에게 배분되고 합리적으로 이용되도록 한다.
2. 지나치게 좁거나 넓은 토지 또는 건축물은 넓히거나 좁혀 대지 또는 건축물이 적정 규모가 되도록 한다.
3. 너무 좁은 토지 또는 건축물이나 정비구역 지정 후 분할된 토지를 취득한 자에게는 현금으로 청산할 수 있다.
4. 재해 또는 위생상의 위해를 방지하기 위하여 토지의 규모를 조정할 특별한 필요가 있는 때에는 너무 좁은 토지를 넓혀 토지를 갈음하여 보상을 하거나 건축물의 일부와 그 건축물이 있는 대지의 공유지분을 교부할 수 있다.
5. 분양설계에 관한 계획은 제72조에 따른 분양신청기간이 만료하는 날을 기준으로 하여 수립한다.
6. 1세대 또는 1명이 하나 이상의 주택 또는 토지를 소유한 경우 1주택을 공급하고, 같은 세대에 속하지 아니하는 2명 이상이 1주택 또는 1토지를 공유한 경우에는 1주택만 공급한다.
7. 제6호에도 불구하고 다음 각 목의 경우에는 각 목의 방법에 따라 주택을 공급할 수 있다.

    가. 2명 이상이 1토지를 공유한 경우로서 시·도조례로 주택공급을 따로 정하고 있는 경우에는 시·도조례로 정하는 바에 따라 주택을 공급할 수 있다.

    나. 다음 어느 하나에 해당하는 토지등소유자에게는 소유한 주택 수만큼 공급할 수 있다.

    1) 과밀억제권역에 위치하지 아니한 재건축사업의 토지등소유자. 다만, 투기과열지구 또는 「주택법」 제63조의2 제1항 제1호에 따라 지정된 조정대상지역에서 사업시행계획인가(최초 사업시행계획인가를 말한다)를 신청하는 재건축사업의 토지등소유자는 제외

    2) 근로자(공무원인 근로자를 포함한다) 숙소, 기숙사 용도로 주택을 소유하고 있는 토지등소유자

    3) 국가, 지방자치단체 및 토지주택공사등

    4) 「국가균형발전특별법」상 공공기관지방이전 및 혁신도시 활성화를 위한 시책 등에 따라 이전하는 공공기관이 소유한 주택을 양수한 자

    다. 제74조 제1항 제5호에 따른 가격의 범위 또는 종전 주택의 주거전용면적의 범위에서 2주택을 공급할 수 있고, 이 중 1주택은 주거전용면적을 60제곱미터 이하로 한다. 다만, 60제곱미터 이하로 공급받은 1주택은 제86조 제2항에 따른 이전고시일 다음 날부터 3년이 지나기 전에는 주택을 전매(매매·증여 그 밖에 권리의 변동을 수반하는 모든 행위를 포함하되 상속은 제외)하거나 전매를 알선할 수 없다.

    라. 과밀억제권역에 위치한 재건축사업의 경우에는 토지등소유자가 소유한 주택수의 범위에서 3주택까지 공급할 수 있다. 다만, 투기과열지구 또는 「주택법」 제63조의2 제1항 제1호에 따라 지정된 조정대상지역에서 사업시행계획인가(최초 사업시행계획인가)를 신청하는 재건축사업의 경우에는 그러하지 아니하다.

제**2**판

감정평가사 1차 시험대비

2024 감정평가관계법규 필기노트

제2판인쇄	:	2023. 08. 10.
제2판발행	:	2023. 08. 16.
편 저 자	:	도승하
발 행 인	:	박 용
발 행 처	:	(주)박문각출판
등 록	:	2015. 04. 29. 제2015-000104호
주 소	:	06654 서울시 서초구 효령로 283 서경B/D 4층
전 화	:	(02) 723-6869
팩 스	:	(02) 723-6870

저자와의
협의하에
인지 생략

정가 16,000원

ISBN 979-11-6987-380-2

MEMO